KNOTEN HANDBUCH

ÜBER 45 EINFACHE UND PRAKTISCHE KNOTEN

Barry Mault
Illustriert von Gillian Blease

WARNUNG

Kinder sollten immer beaufsichtigt werden, wenn sie mit Knoten experimentieren. Erlauben Sie es einem Kind niemals, eine Schnur oder ein Seil an oder um einen Körperteil zu binden – bei ihm selbst oder bei einem anderen Kind. Bevor Sie sich in einer potenziell riskanten oder gefährlichen Situation auf selbstgeknüpfte Knoten verlassen, sollten Sie sich professionell in Knotenkunde unterweisen lassen.

Es wurde darauf geachtet, die Richtigkeit der Informationen zu gewährleisten. Trotzdem kann der Verlag für die Anwendung der beschriebenen Methoden keine Haftung übernehmen.

Originaltitel: The Knots Handbook

Illustrationen: Gillian Blease
Coverillustrationen: Rhys Jefferys
Text: Barry Mault, William Potter
Gestaltung: Duck Egg Blue

© dieser Ausgabe: Ullmann Medien GmbH,
Rolandsecker Weg 30, 53619 Rheinbreitbach, Deutschland
Übersetzung und Satz: writehouse, Köln
Coveradaption: Sabine Brand
Gesamtherstellung: Ullmann Medien GmbH, Rheinbreitbach

ISBN 978-3-7415-2642-8

10 9 8 7 6 5 4 3 2

www.ullmannmedien.com

Inhalt

Knoten: Eine Einführung

Das älteste bekannte Seil stammt aus Ägypten: Es ist 4000 Jahre alt und fand wohl auf einem Schiff Verwendung. Es gibt aber Hinweise darauf, dass Menschen schon lange vorher einfache Seile hatten. Und weil ein Seil ohne Knoten nicht viel bringt, muss es damals auch schon Knoten gegeben haben.

In den letzten 4000 Jahren wurden zwar viele andere Befestigungen erfunden, aber manchmal gibt es einfach nichts Besseres als einen altmodischen Knoten! Oft werden Knoten wiederentdeckt – nach Jahren, in denen sie keiner benutzte. Wie alle wissen, die mal versucht haben, eine Schnur zu entwirren: Knoten können aus dem Nichts auftauchen!

Bis ins letzte Jahrhundert wurden Seile meist aus Baumwolle, Hanf oder anderen Pflanzenfasern gemacht; heute werden sie für gewöhnlich aus synthetischem Material wie Nylon hergestellt. Dieses ist oft etwas glatter, sodass manche Seemannsknoten nicht mehr so zuverlässig halten wie früher. Daher ist es praktisch, für ein und dieselbe Anwendung gleich mehrere verschiedene Knoten zu kennen.

Knotenbezeichnungen

Die Welt der Knoten kann ganz schön verwirrend sein: Manche Knoten haben mehrere Namen. Hier verwenden wir immer den gebräuchlichsten Namen.

Knoten-Fachbegriffe

Zu Beginn ein paar wichtige Begriffe aus der Welt der Knoten:

Festes Ende (in der Seefahrt „stehende Part"): Das Ende eines Seils oder einer Leine, aus dem gerade kein Knoten geknüpft wird. Wenn es von etwas herunterhängt, heißt es **hängende Part.**
Loses Ende: Das Ende eines Seils, aus dem der Knoten geknüpft wird.
Bucht: Eine U-förmige Biegung im Seil. Schließt sich diese Kurve ganz, wird sie zu einem **Auge.**
Schlaufe: Kreis- oder tropfenförmig gelegtes Seil (Auge), dessen Enden fest verknotet sind.

Ein ausführlicheres Glossar findest du auf Seite 95.

Knotenfestigkeit und Knotensicherheit

Bei der Auswahl eines Knotens musst du auf zwei Dinge achten: Festigkeit und Sicherheit.

Knotenfestigkeit

Seile oder Leinen aus Naturmaterialien werden empfindlicher, wenn ein Knoten hineingemacht wird. Moderne Synthetikseile sind dagegen von Anfang an fester und nutzen sich daher nicht so leicht ab.

Knoten sind fester, wenn die Last (das Gewicht, das vom Seil getragen oder gehalten wird) nur schrittweise angehängt wird. Geschieht dies plötzlich, wenn man z.B. ein schweres Gewicht anhängt und aus großer Höhe hinabwirft, könnte das Seil reißen.

Knotensicherheit

Alle Knoten haben mit Reibung zu tun. Reibung ist eine Kraft, die die gegenläufige Bewegung zweier Objekte abschwächt, welche gegeneinander gleiten (oder dies versuchen).

Die Knotensicherheit hängt davon ab, wie wahrscheinlich – oder unwahrscheinlich – es ist, dass die Seile oder Leinen sich entgleiten, wenn sie geknotet werden. Meist ist das wichtiger als die Knotenfestigkeit. Die meisten Knoten rutschen anfangs noch ein bisschen, bevor sie sich festziehen und Reibung entsteht. Einige Materialien und Knoten sind rutschiger als andere: So wird ein gewöhnlicher Knoten in einer Angelschnur nicht gut halten, weil das Material sehr glatt ist.

Für die Knotensicherheit ist es sehr wichtig, darauf zu achten, dass der Knoten fest sitzt. Nimm dir immer die Zeit, das zu überprüfen – je komplizierter der Knoten, desto wichtiger!

BASIS- & VERBINDUNGSKNOTEN

In diesem ersten Kapitel lernst du einige Basis- und Verbindungsknoten kennen. Mit den Verbindungsknoten kannst du mehrere Seile zu einem längeren Seil verbinden. Sind die Seile aus unterschiedlichen Materialien oder unterschiedlich dick, lösen sich die Knoten schneller, daher musst du hier besonders auf die Knotensicherheit achten.

Denke bei der Entscheidung für einen Knoten auch schon daran, ob du ihn später wieder aufmachen musst: Der Zeppelinstek lässt sich leicht öffnen, aber der Spierenstich sitzt bombenfest!

Überhandknoten

Wir legen los mit diesem einfachen Knoten, den du wahrscheinlich sogar schon kennst!

Schritt 1

Lege aus deiner Leine ein Auge, dabei liegt das lose Ende oben.

Schritt 2

Stecke das lose Ende von hinten durch das Auge und zieh dann zum Festzurren an beiden Enden.

Verwendungen

Der Überhandknoten wird häufig verwendet. Er verhindert z.B. das Ausfransen am Ende eines Seils und wird auch zum Zuknoten von Ballons angewendet.

Achtknoten

Wenn der Überhandknoten nicht ausreicht, probiere mal diesen etwas dickeren Knoten.

Schritt 1

So beginnst du: Führe das lose Ende einmal unter und einmal über die stehende Part, wie hier zu sehen.

In diesem Buch wird die stehende Part immer mit ausgefranstem Ende gezeigt …

… und das lose Ende mit gerader Kante.

Schritt 2

Stecke das lose Ende dann von hinten durch das ursprüngliche Auge und ziehe den Knoten an beiden Enden fest.

Verwendungen

Dies ist ein guter Stopperknoten, um z.B. einen Seilgriff an einen Eimer oder zwei Seile an einen Schaukelsitz zu knoten.

Ashley-Stopperknoten

Dieser Knoten wurde von dem amerikanischen Seemann und Knotenexperten Clifford Ashley erfunden. Seine Inspiration waren die Taue auf den heimischen Austernkuttern. Der feste, dicke Knoten ist ideal, um ein Seil oder eine Leine daran zu hindern, durch ein Loch zu rutschen.

Schritt 1

Lege aus deinem Seil ein Auge, dabei liegt das lose Ende oben.

Schritt 2

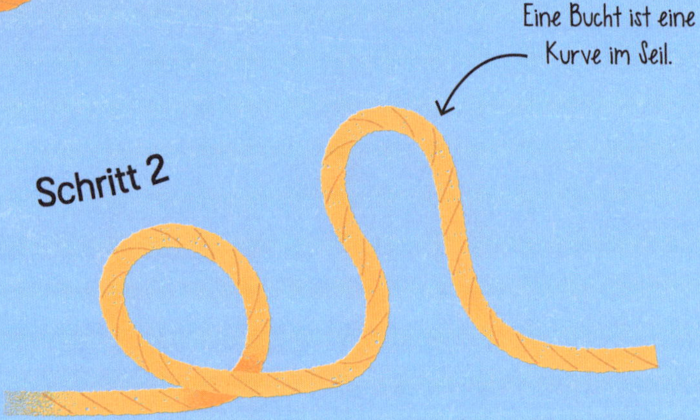

Biege das Seil zu einer Bucht, die rechts von dem Auge liegt.

Schritt 3

Ziehe die ganze Bucht durch das Auge, wie hier zu sehen. So entsteht ein Schiebeknoten. Straffe den Knoten rund um den Hals der entstandenen Schlaufe, indem du am festen Ende des Seils ziehst.

Drehe das Seil um 90° im Uhrzeigersinn. Stecke das lose Ende von hinten durch die Schlaufe, wie hier zu sehen.

Schritt 4

Schritt 5

Ziehe die Schlaufe enger (sodass das lose Ende eingeklemmt wird), indem du am festen Ende ziehst.

Schritt 6

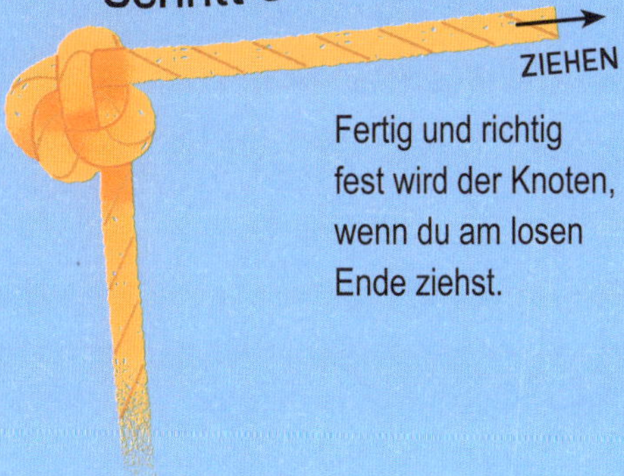

Fertig und richtig fest wird der Knoten, wenn du am losen Ende ziehst.

Verwendungen

Mach diesen Stopperknoten in die Enden der Seile, die einen Schaukelsitz halten, besonders, wenn die Löcher im Brett groß sind.

Albrightknoten

Der Albrightknoten ist ein einfacher Angelknoten, mit dem man eine Nylonschnur an einem dickeren Seil befestigen kann. Er ist auch gut geeignet, um eine Schnur an einem starken Draht zu befestigen, damit dieser leichter zu ziehen ist.

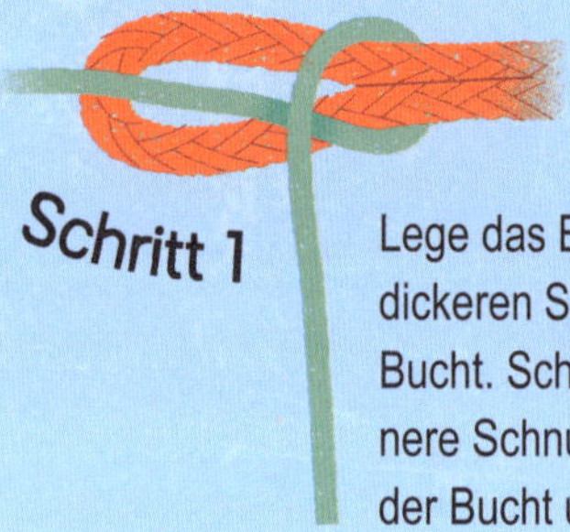

Schritt 1

Lege das Ende des dickeren Seils zu einer Bucht. Schlinge die dünnere Schnur unterhalb der Bucht um das Seil.

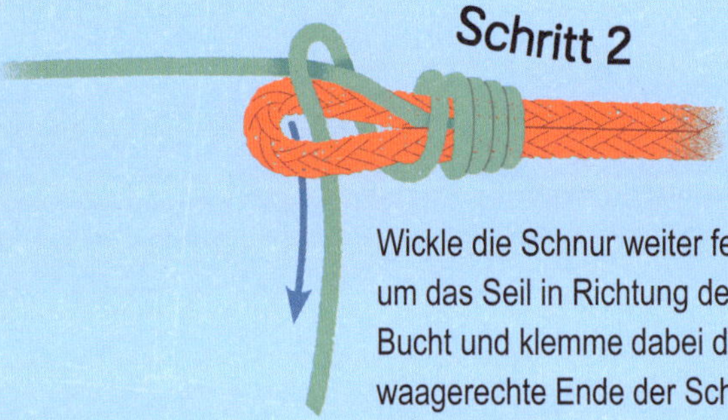

Schritt 2

Wickle die Schnur weiter fest um das Seil in Richtung der Bucht und klemme dabei das waagerechte Ende der Schnur ein. Nachdem du die Schnur vier- oder fünfmal um das Seil gewickelt hast, führst du ihr loses Ende nach unten durch die Seilbucht hindurch.

Schritt 3

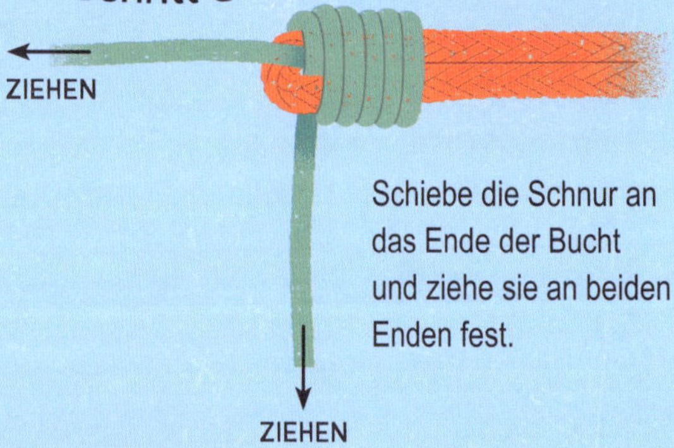

Schiebe die Schnur an das Ende der Bucht und ziehe sie an beiden Enden fest.

Verwendungen

Ein Albrightknoten ist perfekt, um eine Schnur an einen Drahtzaun oder ein dickeres Seil zu knoten.

Trossenstek

Dieser sehr sichere Verbindungsknoten wird auf Schiffen angewendet, um große, schwere Taue miteinander zu verbinden. Selbst wenn er belastet wird, kann man ihn noch gut lösen. Methode 1 ist nicht ganz leicht zu merken – Methode 2 ist einfacher.

Methode 1

Schritt 1

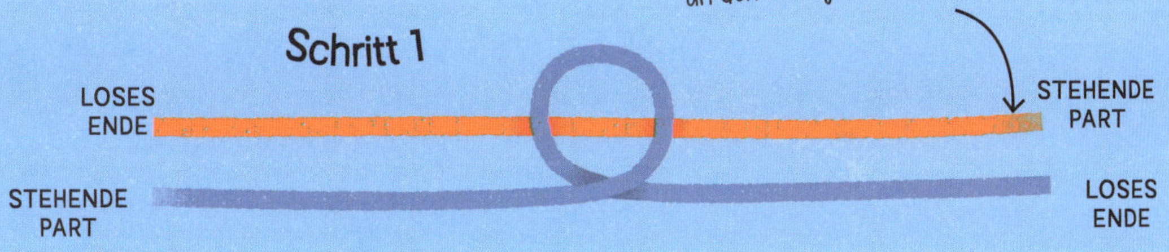

Leg die erste Leine (hier blau) waagerecht aus und bilde ein Auge. Leg die zweite Leine (hier orange) unter das Auge der ersten Leine. Das lose Ende zeigt nach links.

Schritt 2

Verschiebe das lose Ende der ersten Leine so, dass es nach unten zeigt. Führe nun das lose Ende der zweiten Leine nach unten und über die stehende Part der ersten Leine. Fädle die zweite Leine weiter durch beide Leinen, in der Reihenfolge drunter, drüber, drunter, drüber, wie hier zu sehen. Nun liegt das lose Ende der zweiten Leine auf dem Auge der ersten Leine.

Schritt 3

Ziehe den Knoten an beiden losen Enden zusammen. Der fertige Knoten sollte so aussehen:

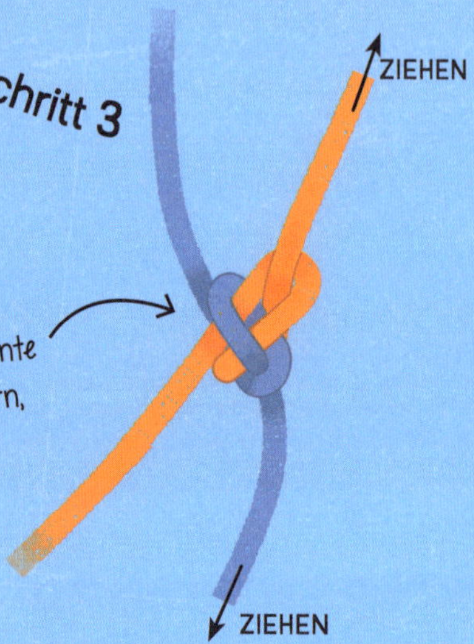

Verwendungen

Egal, mit welcher Methode man ihn knüpft: Der Trossenstek ist ein starker Knoten. Mit ihm kann man gut Seile ähnlicher Stärke zusammenknoten – super fürs Tauziehen!

Methode 2

Schritt 1

Leg beide Leinen zu Buchten. Die losen Enden liegen jeweils außen.

Schritt 2

Leg die eine Bucht schräg über die andere.

Schritt 3

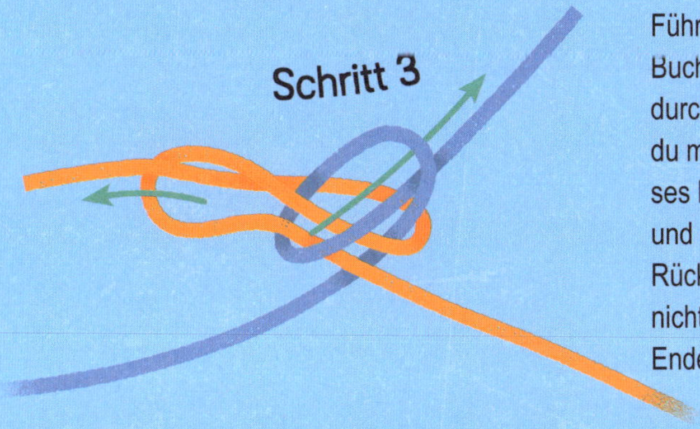

Führe das lose Ende der oben liegenden Bucht unter die untere Leine, dann nach oben durch die eigene Bucht. Das Gleiche machst du mit dem losen Ende der unteren Leine, dieses Mal nach oben und über die obere Leine und dann nach unten durch die eigene Bucht. Rücke den Knoten zurecht, damit die Enden nicht herausrutschen. Ziehe dann an allen Enden, um den Knoten zu schließen.

Spierenstich

Der Spierenstich ist ein exzellenter, verlässlicher Knoten, der ursprünglich von Anglern an rutschigen Angelschnüren eingesetzt wurde. Auch beim Klettern findet er Verwendung, denn er geht nicht auf und hält viel aus.

Ist er einmal festgezogen, kann man ihn kaum wieder lösen. Daher ist er gut geeignet als Knoten für Leinen, die permanent miteinander verbunden werden sollen.

Lege beide Leinen nebeneinander; die losen Enden zeigen in gegenüberliegende Richtungen. Binde nun das lose Ende der einen Leine in einem Überhandknoten um die andere Leine, wie hier zu sehen.

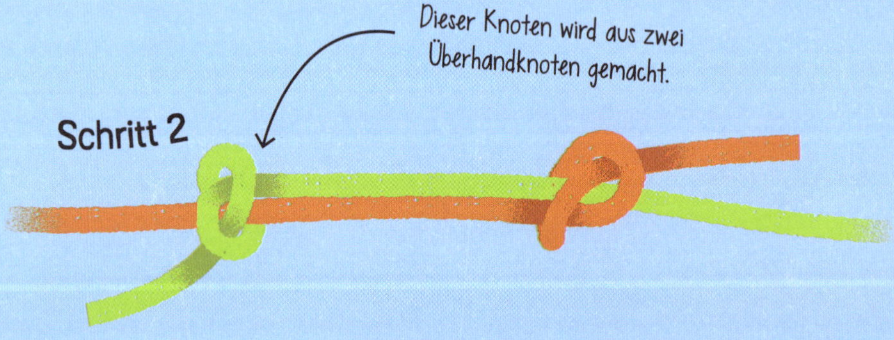

Wiederhole Schritt 1 mit der Leine, die noch keinen Knoten hat, indem du ihr loses Ende um die stehende Part der anderen Leine knotest.

Schritt 3

Ziehe die beiden Überhandknoten jeweils einzeln zusammen. Dann ziehst du an den stehenden Parten der Leine, sodass die Knoten zusammenrutschen und das Ganze sich fest verschließt.

Verwendungen

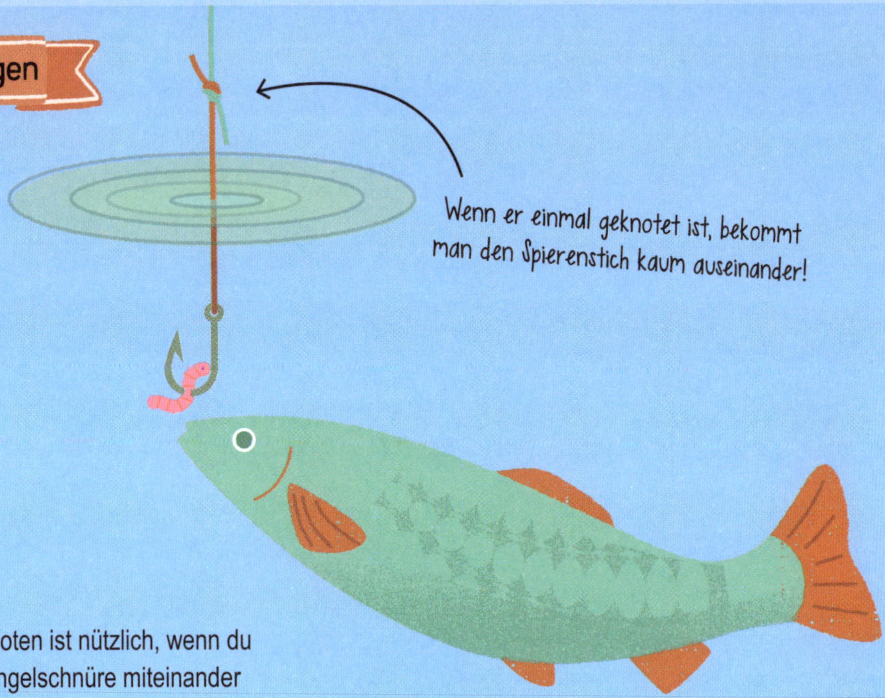

Wenn er einmal geknotet ist, bekommt man den Spierenstich kaum auseinander!

Der Knoten ist nützlich, wenn du zwei Angelschnüre miteinander verbinden willst.

Hunter-Knoten

Der Hunter-Knoten besteht aus zwei ineinander verschränkten Überhandknoten. Beim Verbinden zweier Seile oder Schnüre leistet er gute Dienste. Aber sei vorsichtig: Wird er festgezogen, kann er sich verklemmen und ist dann nur noch schwer wieder aufzumachen.

Schritt 1 Lege beide Leinen so nebeneinander: Die losen Enden zeigen in entgegengesetzte Richtungen.

Schritt 2

Nimm beide Leinen rechts von der Mitte auf und klappe sie zusammen nach links hinüber, sodass sie zwei Augen bilden.

Jetzt liegt das Auge in der orangefarbenen Leine oben und das Auge in der gelben Leine darunter. Stecke nun das lose Ende der oberen (orangefarbenen) Leine nach oben durch die Mitte beider Augen.

Schritt 3

Schritt 4

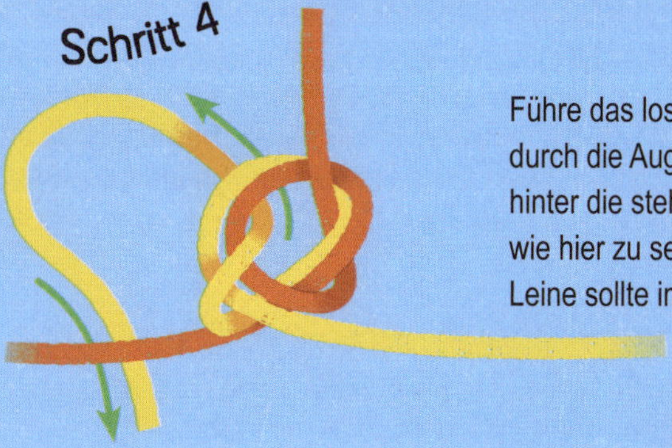

Führe das lose Ende der gelben Leine nach oben durch die Augen. Führe es dann wieder nach unten hinter die stehende Part der orangefarbenen Leine, wie hier zu sehen. Das lose Ende der orangefarbenen Leine sollte immer noch nach oben zeigen.

Schritt 5

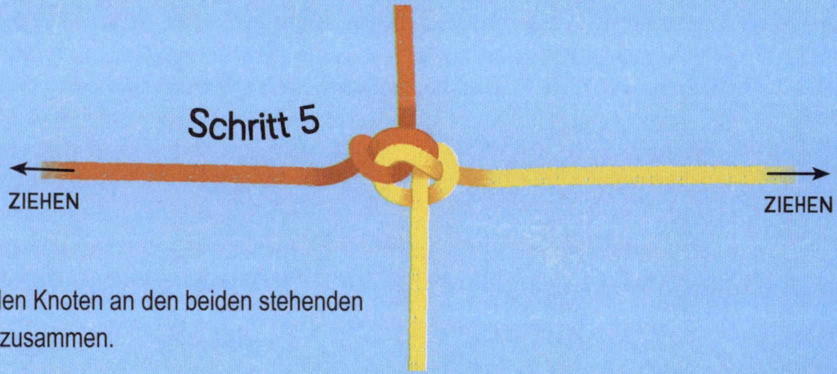

Ziehe den Knoten an den beiden stehenden Parten zusammen.

Verwendungen

Binde mit dem Hunter-Knoten zwei Seile zusammen, und du hast ein sicheres Abschleppseil.

Schotstek

Der Schotstek ist ein sehr alter Seemansknoten. Mit ihm kann man zwei Seile zusammenbinden; wenn er fest zugezogen wird, hält er sehr gut. Die doppelte Version bietet noch mehr Sicherheit, besonders, wenn die beiden Seile unterschiedlich dick sind.

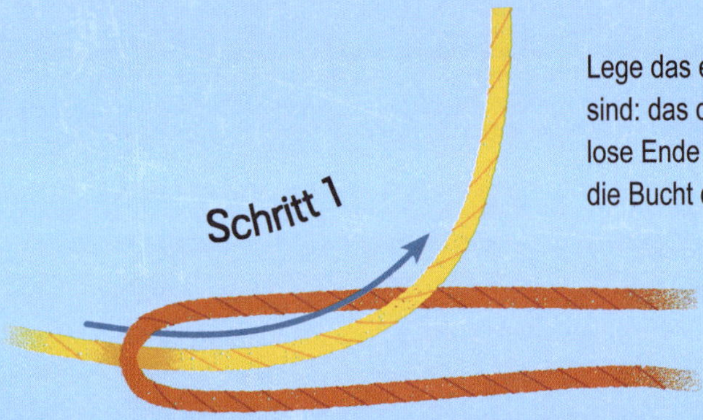

Lege das erste Seil (wenn sie verschieden dick sind: das dickere) zu einer Bucht. Ziehe das lose Ende des zweiten Seils von hinten durch die Bucht des ersten Seils.

Führe nun das lose Ende des zweiten Seils hinunter hinter die Bucht, dann über die Vorderseite der Bucht wieder hinauf und unter sich selbst. Ziehe den Knoten an den Enden fest.

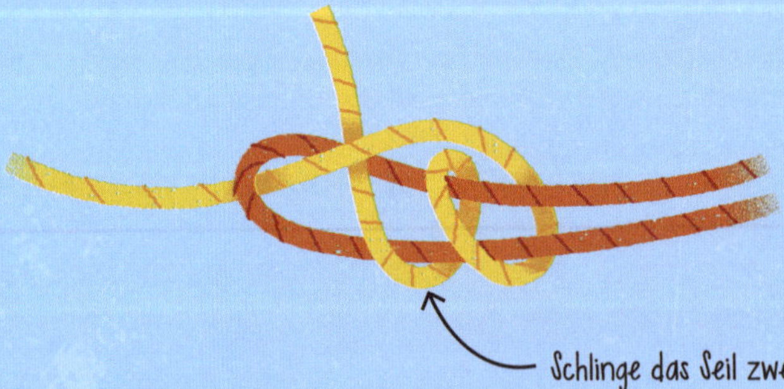

Schlinge das Seil zweimal um die Bucht.

Doppelter Schotstek

Ein stärkerer Knoten entsteht, wenn du den Schotstek wie oben gezeigt knüpfst, das zweite Seil aber *zweimal* um die Bucht schlingst, bevor du es unter sich selbst durchschiebst und festziehst.

Schotstek mit Slip

Diese Schotstek-Variante ist nützlich, weil sie gut hält, aber trotzdem schnell wieder aufgemacht werden kann, indem man an dem Ende des Seils zieht, das unter sich selbst festgesteckt wurde. Ideal also, wenn der Knoten nur für eine kurze Zeit halten muss!

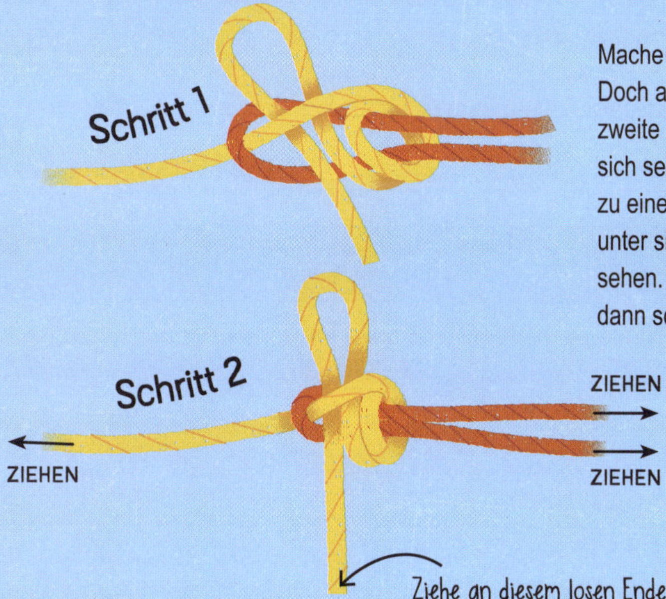

Mache einen doppelten Schotstek. Doch am Ende schiebst du das zweite Seil nicht einfach so unter sich selbst durch, sondern legst es zu einer Bucht und steckst es dann unter sich selbst fest, wie hier zu sehen. Dort kannst du den Knoten dann schnell öffnen!

Ziehe an allen Seilenden, um den Knoten festzuzurren.

Ziehe an diesem losen Ende, um den Knoten schnell zu lösen.

Verwendungen

Mit diesem Knoten kannst du kaputte Schnürsenkel flicken.

Nimm den Schotstek mit Slip, wenn du schnell mal ausgefranste oder gerissene Schnürsenkel flicken oder verlängern willst, indem du noch ein Stück dranknotest.

Lappenknoten

Dieser Verwandte des Schotsteks ist im hohen Norden seit Langem in Gebrauch. Er ist leicht zu knüpfen und nicht zu aufwendig – ideal für kalte Finger! Achte beim Knüpfen des Knotens auf die Richtungen der Seilenden: Beide stehenden Parten müssen sich auf der gleichen Seite des Knotens befinden.

Lege das Ende des ersten Seils so zu einer Bucht.

Lege das lose Ende des zweiten Seils über und dann einmal um die Bucht. Lege es dann einmal über sich selbst und stecke es durch die Bucht des ersten Seils. Ziehe an den Enden, um den Knoten festzuzurren.

Lappenknoten mit Slip

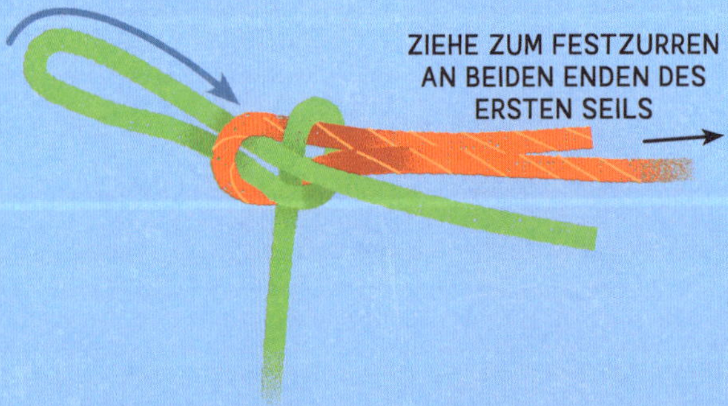

Knüpfe den Lappenknoten wie oben. Vor dem Festziehen machst du aber eine Bucht in das zweite Seil, indem du dessen loses Ende noch einmal zurücksteckst durch die Bucht des ersten Seils.

Verwendungen

Ein einfacher, schnell zu lösender Knoten – sehr praktisch!

Mit einer Schlinge aus dem Lappenknoten mit Slip kannst du Dinge an deinen Rucksack hängen und rasch abnehmen.

Bandschlingenknoten

Der Bandschlingenknoten ist dafür da, flache Bänder miteinander zu verbinden, z.B. zwei Gurte oder Riemen.

Schritt 1

Knüpfe in der Nähe des losen Endes des ersten Bandes einen losen Überhandknoten (siehe S. 6).

Schritt 2

Nun nimmst du das zweite Band und fädelst dessen loses Ende zurück durch den Überhandknoten. Folge mit dem zweiten Band genau dem Weg des ersten, bis sein loses Ende neben der stehenden Part des ersten Bandes wieder herauskommt. Wenn der Knoten etwas Schweres halten muss: Achte darauf, dass die beiden losen Enden mindestens einige Zentimeter lang sind.

Schritt 3

Ziehe den Knoten sorgfältig fest.

Verwendungen

Mit diesem Knoten kannst du einen gerissenen Schulterrlemen reparieren.

Zeppelinstek

Dieser Knoten wird aus zwei ineinander verschlungenen Überhandknoten geknüpft. Er heißt so, weil mit ihm angeblich die großen Luftschiffe der 1930er-Jahre – wie der Zeppelin – festgemacht wurden. Mit dem Zeppelinstek lassen sich Seile verschiedener Stärken und Materialien zusammenknoten. Er ist sehr sicher, aber trotzdem leicht zu öffnen und gilt daher als einer der besten Knoten, die es gibt!

Lege das eine Seil in die Form eines „b“ und das andere zu einem „q“. Achte dabei darauf, dass das lose Ende des „b“ **über** der stehenden Part liegt, das lose Ende des „q“ aber **unter** der stehenden Part.

Schritt 1

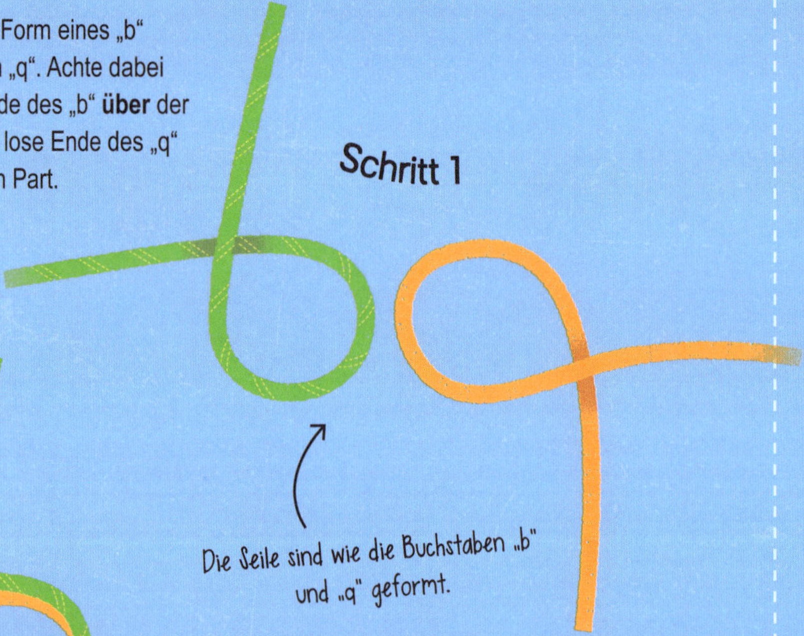

Schritt 2

Lege nun das „b“ so wie hier auf das „q“.

Ziehe das lose Ende des „q“ nach oben und durch beide Augen hindurch, wie hier gezeigt.

Schritt 3

Schritt 4

Dann ziehst du das lose Ende des „b“ nach unten und durch beide Augen, wie hier zu sehen.

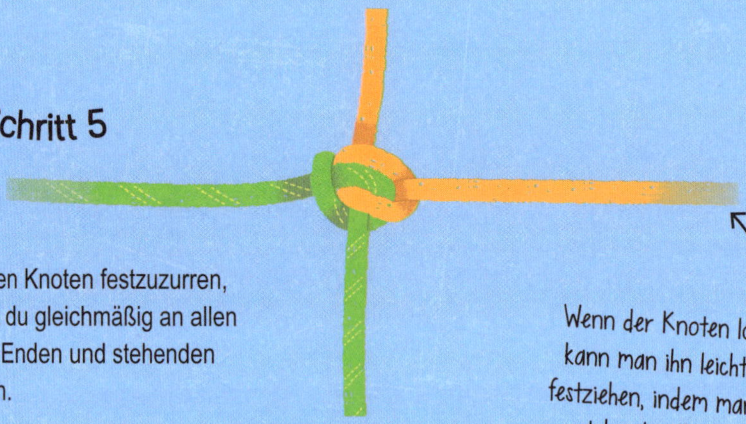

Um den Knoten festzuzurren, ziehst du gleichmäßig an allen losen Enden und stehenden Parten.

Wenn der Knoten lose wird, kann man ihn leicht wieder festziehen, indem man an den stehenden Parten zieht.

Für Seile, die unterschiedlich dick sind

Knüpfe den Knoten wie in den Schritten 1–4 beschrieben, aber nimm das dickere Seil, um das „b" zu legen. Bevor du den Knoten ganz festziehst, legst du das lose Ende des dünneren Seils um das Auge des „b", sodass es noch einmal seinem eigenen Weg zurück nach oben durch den Knoten folgt.

Schritt 2

Ziehe sorgfältig an allen Enden, um den Knoten festzuzurren.

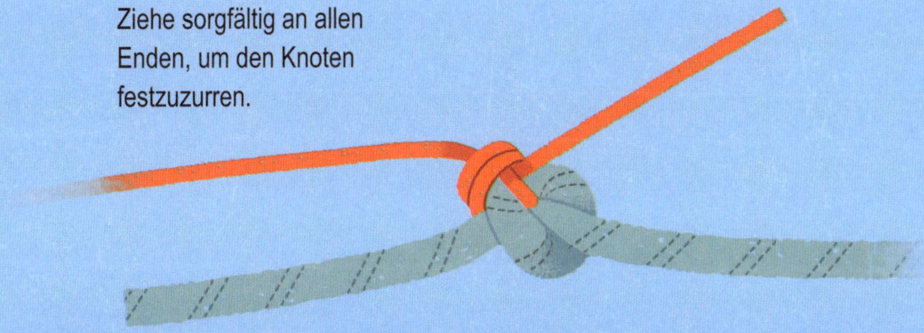

Verwendungen

Dies ist ein guter Knoten zum Abschleppen eines Autos, denn er ist sehr fest, aber auch einfach zu lösen – sogar, nachdem er eine schwere Last gezogen hat.

FESTMACHER- & KLEMMKNOTEN

Mit einem Festmacherknoten kann man – wie der Name schon sagt – ein Seil oder eine Schnur an einem Gegenstand festknoten (oder auch an einem anderen Seil). Es gibt viele verschiedene Arten von Festmacherknoten. Manche können bewegt werden, indem man sie an dem Pfahl oder dem Seil, an dem sie sitzen, herumschiebt. Zieht man aber kräftig an ihrem losen Ende, halten sie ganz fest an dem Objekt, an das sie geknotet sind. Daher nennt man sie auch Klemmknoten.

Halber Schlag

Der simple Halbe Schlag ist häufig nur ein Zwischenschritt beim Knüpfen anderer Knoten wie z.B. dem Rundtörn mit zwei halben Schlägen (siehe gegenüber) und dem Gordingstek (siehe S. 34).

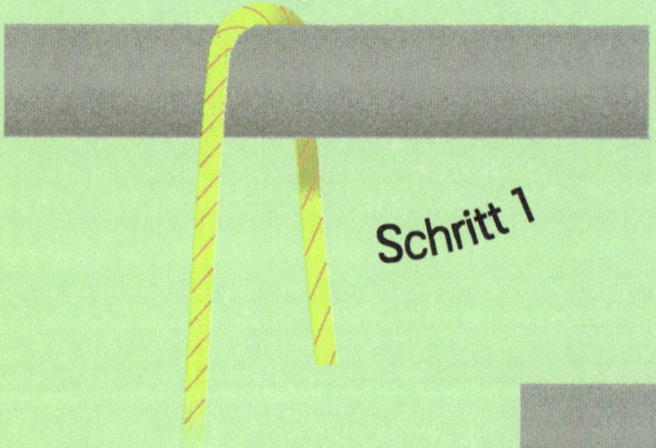

Lege das lose Ende des Seils über den Gegenstand, an den du es binden willst.

Lege das lose Ende von vorn um das vorn hängende Ende herum und stecke es durch die Schlaufe.

Rundtörn mit zwei halben Schlägen

Ein klassischer Festmacherknoten: stark, sicher, verlässlich – und leicht zu merken! Durch die Extraschlaufe über die Stange wird ein Teil der Last von der so entstandenen Reibung übernommen. Wenn du den Knoten ein wenig löst, siehst du, dass das freie Ende einem Webeleinenstek (siehe S. 36) entspricht.

Schritt 1

Wickle das lose Ende des Seils zweimal nach rechts um die Stange (oder einen anderen Gegenstand, an den du das Seil knoten willst) herum. Diese komplette Umwicklung nennt man Rundtörn.

Schritt 2

Knüpfe mit dem losen Ende einen halben Schlag um den links hängenden Teil des Seils.

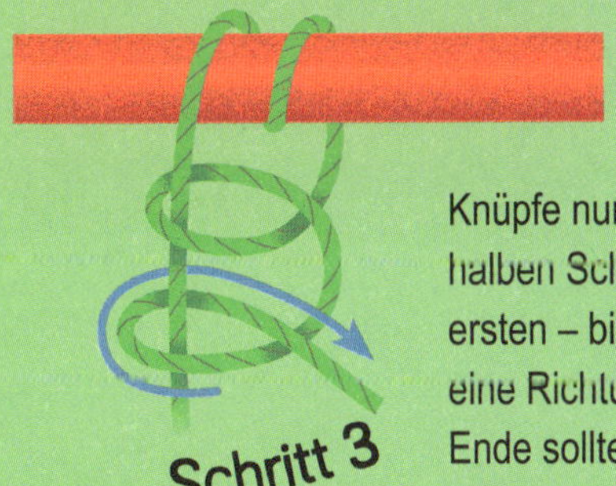

Schritt 3

Knüpfe nun einen zweiten halben Schlag unter dem ersten – bitte beide in eine Richtung! Das lose Ende sollte nach rechts zeigen.

Schritt 4

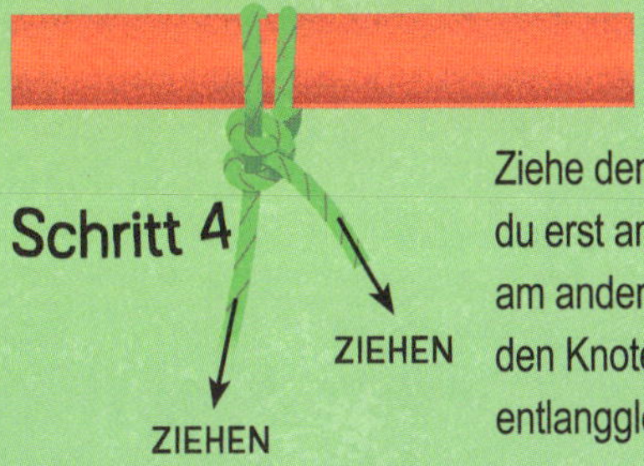

Ziehe den Knoten fest, indem du erst am losen Ende, dann am anderen Ende ziehst und den Knoten an der Stange entlanggleiten lässt.

Verwendungen

Ein Rundtörn mit zwei halben Schlägen ist überall zu gebrauchen – vom Anbinden eines Tieres bis zum Anbringen einer Wäscheleine.

Roringstek

Der Roringstek ist sicherer als der Rundtörn mit zwei halben Schlägen und wird meist verwendet, um eine Leine an einen Ring – z.B. am Anker eines kleinen Bootes – oder eine Stange zu knoten. Es gibt zwei Arten, den Knoten fertigzustellen.

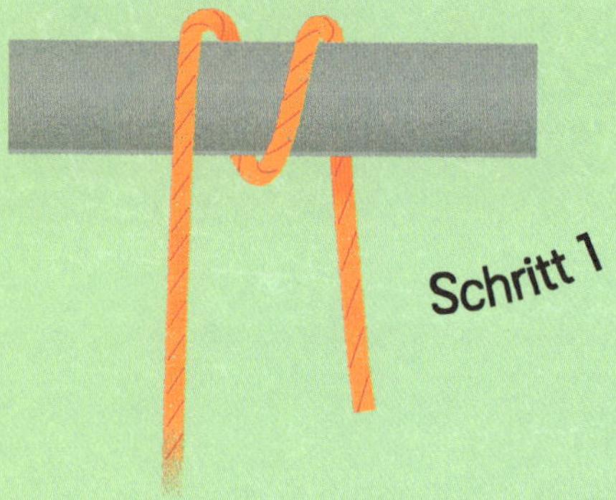

Schlinge das lose Ende des Seils zweimal um die Stange, und du hast einen Rundtörn.

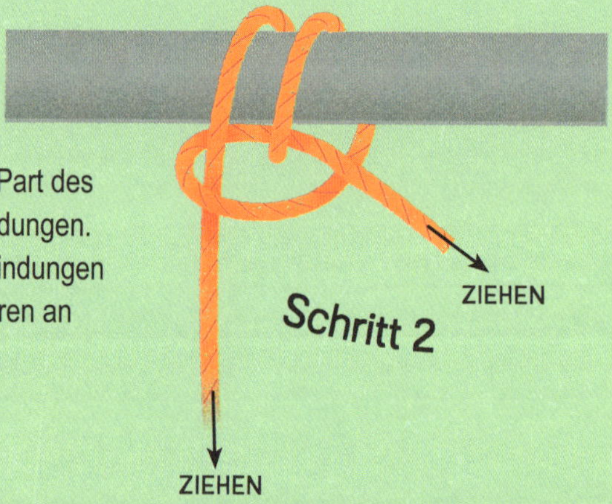

Schlinge das lose Ende von vorn um die feste Part des Seils herum und fädle es zurück durch die Windungen. Es entsteht ein halber Schlag, der durch die Windungen um die Stange eingeklemmt wird. Zum Festzurren an beiden Enden ziehen.

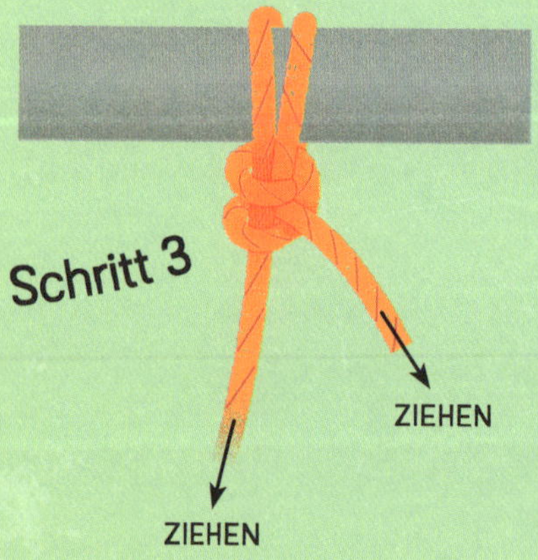

Knüpfe mit dem losen Ende einen zweiten halben Schlag um die feste Part des Seils. Ziehe zum Festzurren noch einmal an beiden Enden und achte dabei darauf, dass der Knoten dicht an der Stange sitzt.

Alternatives Ende

Manche Leute stecken am Schluss das lose Ende ein zweites Mal unten durch die Windungen. So wird der Knoten noch sicherer.

Verwendungen

Binde die stehende Part des Seils mit diesem Knoten fest, wenn du Dinge an einem Dachgepäckträger befestigen willst.

Becket Hitch (Schotstek-Variante)

Dieser Knoten ist dem Schotstek sehr ähnlich, verbindet jedoch nicht zwei Leinen miteinander, sondern eine Leine mit einer Schlaufe. Sind Leine und Schlaufe unterschiedlich dick, kann der Knoten auch doppelt oder auf andere Art geknüpft werden, damit er noch fester hält.

Schritt 1

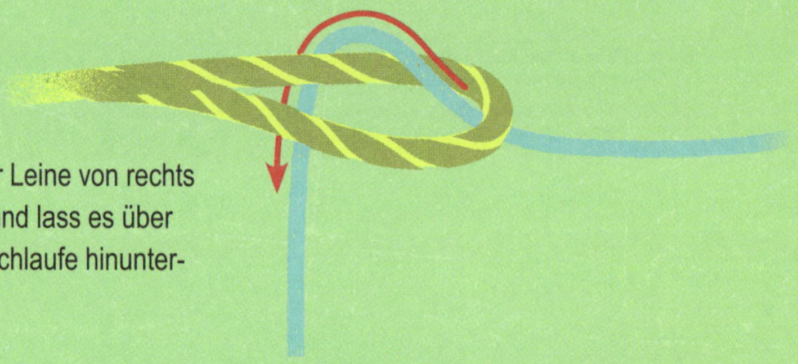

Schiebe das lose Ende der Leine von rechts unten durch die Schlaufe und lass es über dem hinteren Strang der Schlaufe hinunterhängen.

Schritt 2

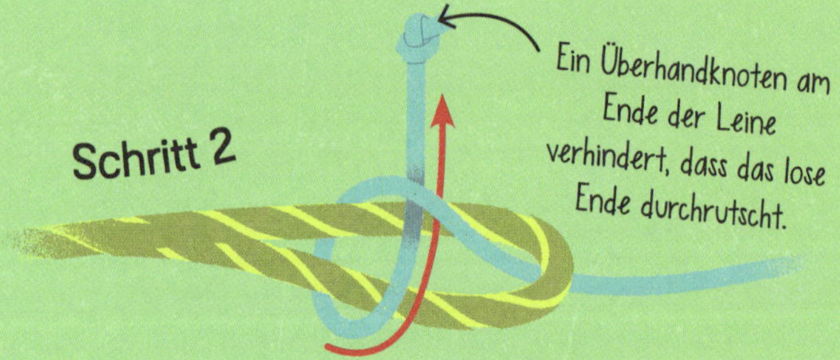

Führe das lose Ende nun vorn um die Schlaufe herum und unter sich selbst hindurch. Soll es ein doppelter Knoten werden, wiederhole diesen Schritt.

Sichere Methode

Schritt 1

Führe das lose Ende der Leine nach oben durch die Schlaufe, dann hinten um die Schlaufe herum und wieder nach unten durch die Schlaufe.

Schritt 2

Führe das lose Ende dann nach oben unter der stehenden Part hindurch und danach unter den beiden Strängen der Leine hindurch, die in der Mitte der Schlaufe liegen.

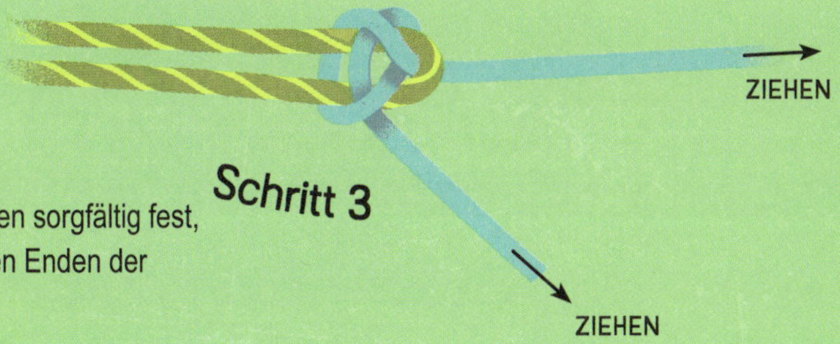

Schritt 3

Zurre den Knoten sorgfältig fest, indem du an den Enden der Leine ziehst.

Verwendungen

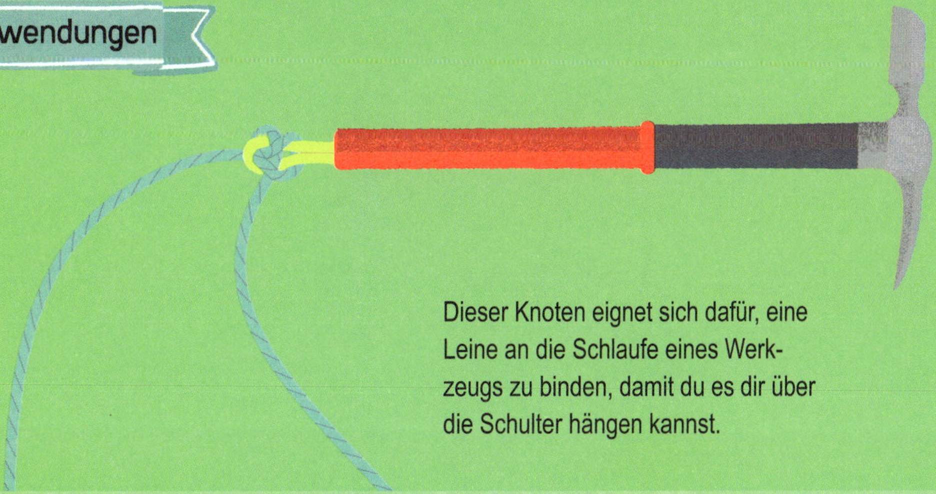

Dieser Knoten eignet sich dafür, eine Leine an die Schlaufe eines Werkzeugs zu binden, damit du es dir über die Schulter hängen kannst.

Blake-Knoten

Dieser noch recht neue Knoten wurde nach dem kalifornischen Baumpfleger Jason Blake benannt. Blake zeigte ihn anderen Baumpflegern erstmals im Jahr 1994. Seitdem ist der Knoten unter Baumpflegern sehr beliebt – sie nutzen ihn beim Hinauf- und Hinunterklettern am Seil.

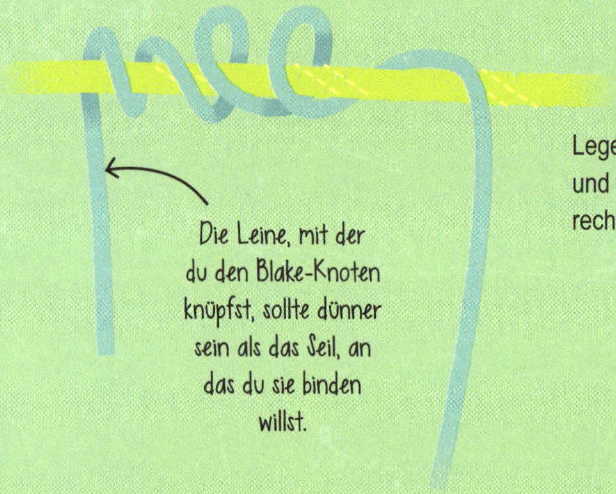

Schritt 1

Lege das lose Ende der Leine über das Seil und wickle es dann lose viermal herum – von rechts nach links, wie hier zu sehen.

Schritt 2

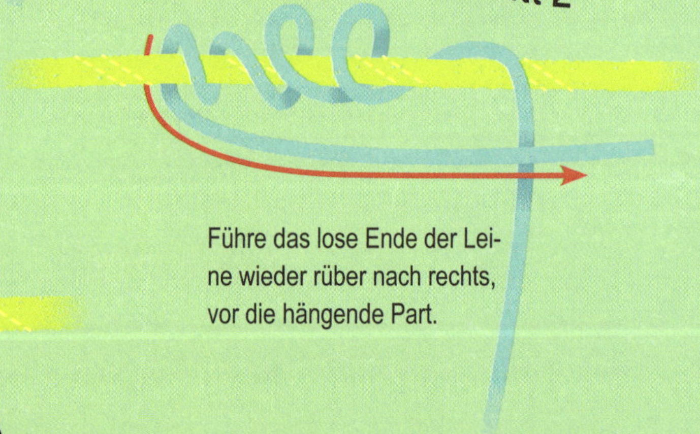

Führe das lose Ende der Leine wieder rüber nach rechts, vor die hängende Part.

Schritt 3

Nun steckst du das lose Ende nach oben durch die ersten beiden Wicklungen der Leine hindurch, sodass es hinter dem Seil wieder hochkommt.

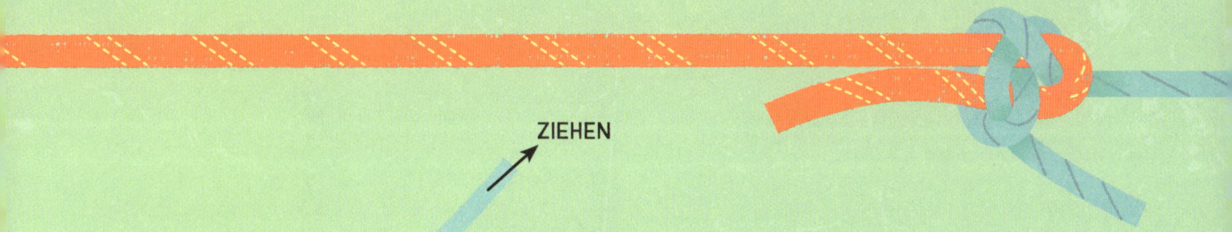

Schritt 4

Ziehe den Knoten sorgfältig fest, bevor du damit arbeitest. Wird er in einer schwierigen Situation verwendet, solltest du in das lose Ende einen Überhand- oder Achtknoten knüpfen, damit das Seil nicht durch den Knoten durchrutscht.

Verwendungen

Dieser Knoten wird oft als beweglicher Knoten von Baumpflegern genutzt, die damit am Seil hochklettern. Er eignet sich auch als robuste, verstellbare Schlaufe an der Abspannleine eines Zelts.

Gordingstek

Dieser alte Seemannsknoten wurde ursprünglich benutzt, um die untere Stange eines rechteckigen Rahsegels an seine Gordinge zu binden (Gordinge sind vertikale Taue am Segel, mit denen man es hochziehen oder bei Nichtgebrauch reffen kann). Wenn dann ein starker Wind ins Seil fuhr, machte das den Knoten praktischerweise nicht lockerer, sondern fester und damit noch sicherer. Der Nachteil des Gordingsteks ist, dass er sich nach starker Belastung kaum noch lösen lässt.

Schritt 1

Lege das lose Ende der Leine über die Stange, an der du die Leine festbinden willst.

Schritt 2

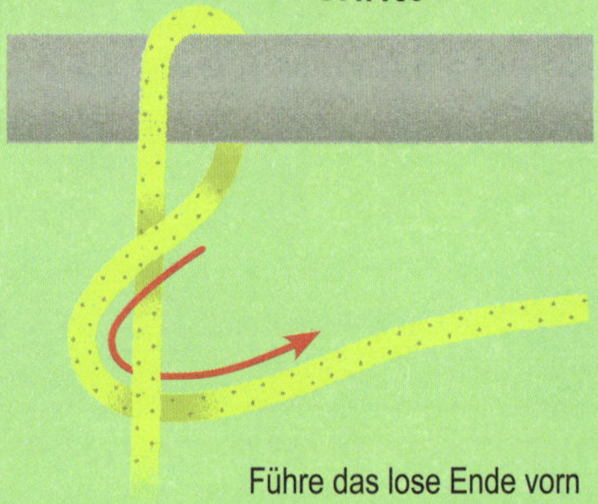

Führe das lose Ende vorn über die hängende Part der Leine und dahinter wieder zurück, wie hier zu sehen.

Schritt 3

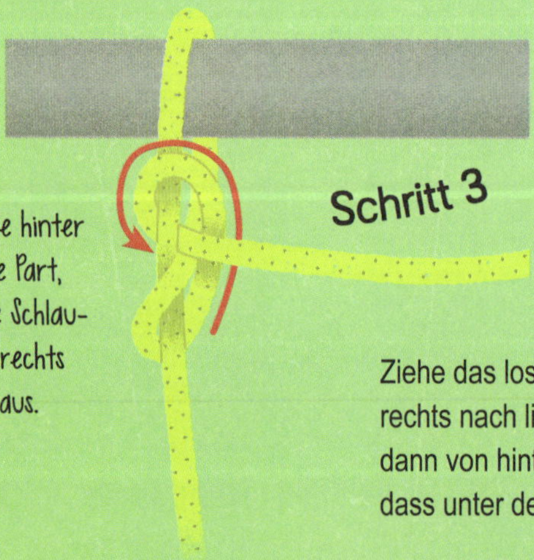

Führe die Leine hinter die hängende Part, dann durch die Schlaufe und nach rechts wieder hinaus.

Ziehe das lose Ende wieder nach oben und von rechts nach links über die Schlaufe. Stecke es dann von hinten nach vorn durch die Schlaufe, sodass unter der Stange ein halber Schlag entsteht.

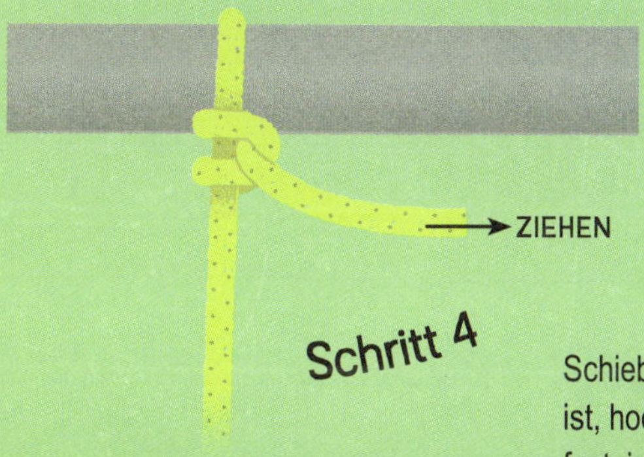

Schritt 4

Schiebe den Knoten, solange er noch locker ist, hoch bis zur Stange und zurre ihn dann fest, indem du am losen Ende ziehst.

Verwendungen

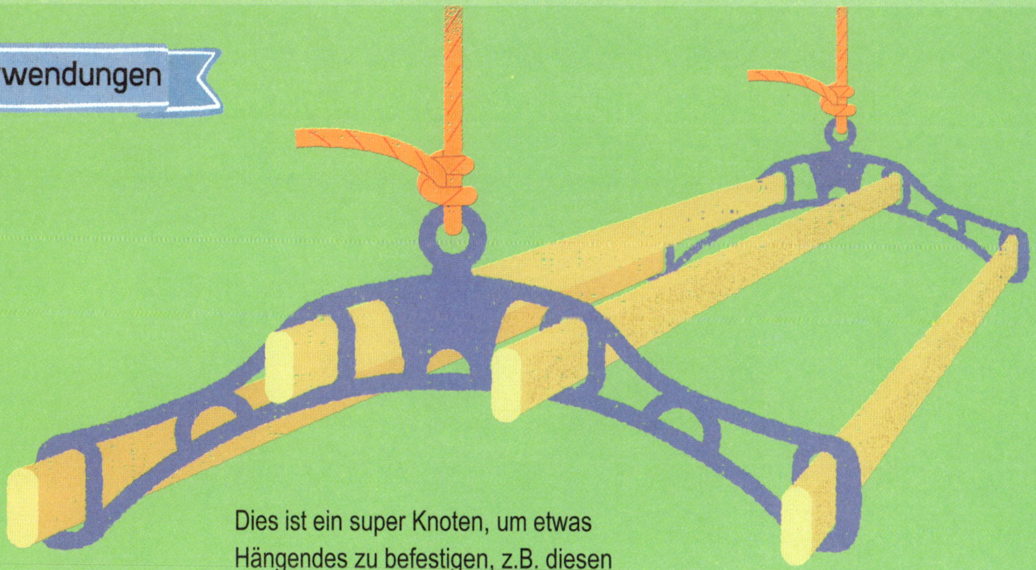

Dies ist ein super Knoten, um etwas Hängendes zu befestigen, z.B. diesen selbst gebauten Wäscheständer.

Webeleinenstek

Der Webeleinenstek ist ein weiterer sehr alter Knoten aus der Seefahrt. Als einer von wenigen Knoten kann er dafür genutzt werden, die Mitte einer Leine (statt wie sonst das Ende) an ein Seil, einen Pfahl oder einen anderen Gegenstand zu binden.

Der Webeleinenstek ist einfach zu knüpfen. Mit ihm kann man auch mittels eines Seils eine Reihe von Holzpfählen verbinden. Am ersten und letzten Pfahl der Reihe solltest du aber sicherere Knoten wie Halben Schlag verwenden. Der Webeleinenstek kann sich nämlich lösen oder durchrutschen, wenn der Gegenstand, an den er gebunden ist, sich dreht oder einseitig belastet wird.

An einen Balken binden

Lege das lose Ende der Leine nach rechts über den Balken und kreuze es dann vorn nach links.

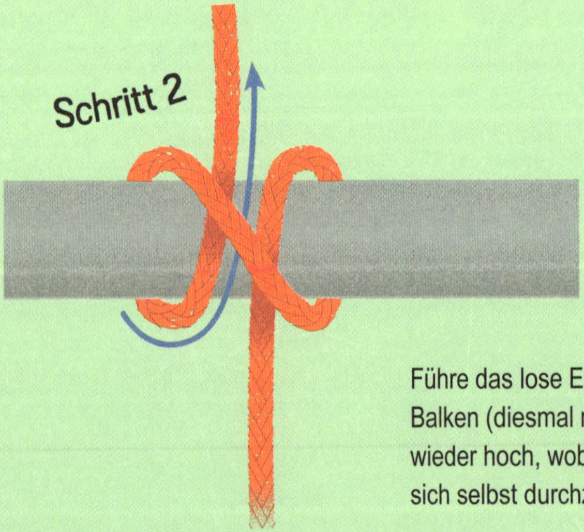

Führe das lose Ende nun noch einmal über den Balken (diesmal nach links), um ihn herum und vorn wieder hoch, wobei du es, wie hier zu sehen, unter sich selbst durchziehst.

In der Hand binden

Diese Methode wird angewendet, wenn der schon in der Hand fertiggestellte Knoten über einen Pfahl geworfen werden kann, wie beim Festmachen eines Schiffes. Für die Mitte eines Balkens, dessen Enden besetzt sind, eignet sich die Methode also nicht!

Schritt 1

Lege die Leine, wie hier zu sehen, zu einem Auge.

Achte darauf, beide Augen in die gleiche Richtung zu legen.

Schritt 2

Lege nun ein zweites Auge, das genauso aussieht wie das erste.

Schritt 3

Lege das zweite Auge hinter das erste. Nun kannst du den Knoten von oben über einen Pfahl legen oder werfen.

Verwendungen

Verbinde mit diesem Knoten, der sich gut zurechtrücken lässt, die Pfähle eines behelfsmäßigen Zauns.

Ankerstich

Der Ankerstich ist ein sehr einfacher Knoten, der überall Verwendung findet: in der Seefahrt, beim Klettern, bei der Feuerwehr oder zum Anbinden von Vieh. Er ist recht verlässlich, solange beide Enden belastet werden – sonst kann er sich lösen. Er kann mit einer einfachen Steckung gesichert werden, dann sollte das eine Ende sehr kurz sein.

Wenn nur ein Ende der Leine frei ist

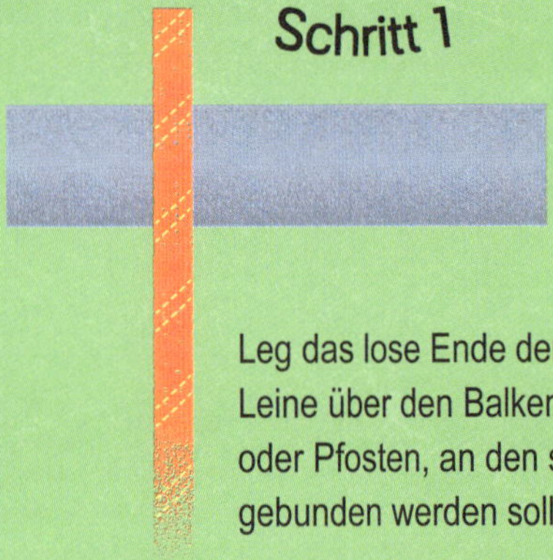

Leg das lose Ende der Leine über den Balken oder Pfosten, an den sie gebunden werden soll.

Schlinge das lose Ende nach links um den Balken, dann vorn über die hängende Part und rechts unter den Balken.

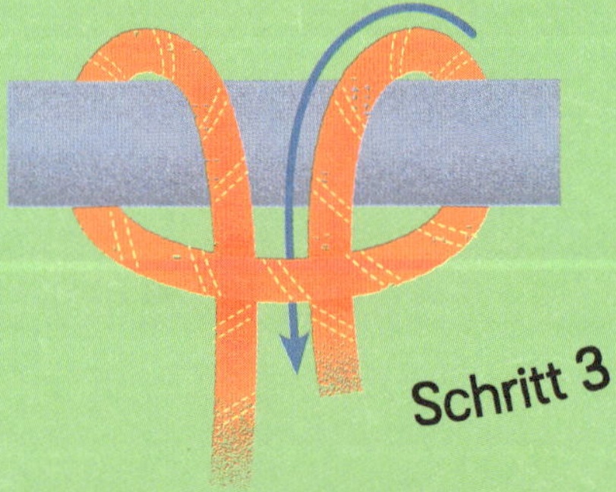

Bring das lose Ende wieder zurück oben über den Balken und stecke es nach unten unter sich selbst. Ziehe den Knoten an beiden Enden fest.

Wenn beide Enden der Leine frei sind

Lege die Leine zu einer Bucht, lege die Bucht auf den Balken und stecke beide Enden der Leine durch die Bucht. Ziehe den Knoten an beiden Enden der Leine fest.

Zum Sichern des Ankerstichs

Beginne mit einem Ankerstich, bei dem das lose Ende sehr kurz ist.

Schritt 1

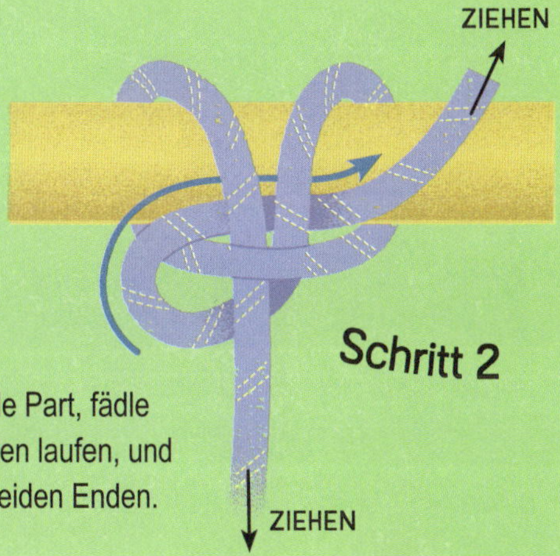

Schritt 2

Führe das lose Ende nach links hinter die hängende Part, fädle es dann oben über die Schlaufe, durch die die Enden laufen, und hinter diesen hindurch. Ziehe zum Festzurren an beiden Enden.

Verwendungen

Mit einem gesicherten Ankerstich kann man gut ein Tier an einem Pfahl anbinden.

Highwayman's Hitch

Dieser Knoten, wörtlich „Straßenräuberknoten", ist ein Anbindeknoten, der zwar etwas ganz fest an einen Balken oder Pfahl binden kann, sich aber durch einen kräftigen Zug an einem Seilende im Handumdrehen lösen lässt. Verwende ihn in Notfällen, wenn du dich schnell aus dem Staub machen musst!

Schritt 1

Lege die Leine zu einer Bucht. Halte die Bucht wie hier zu sehen hinter den Balken, mit dem losen Ende rechts.

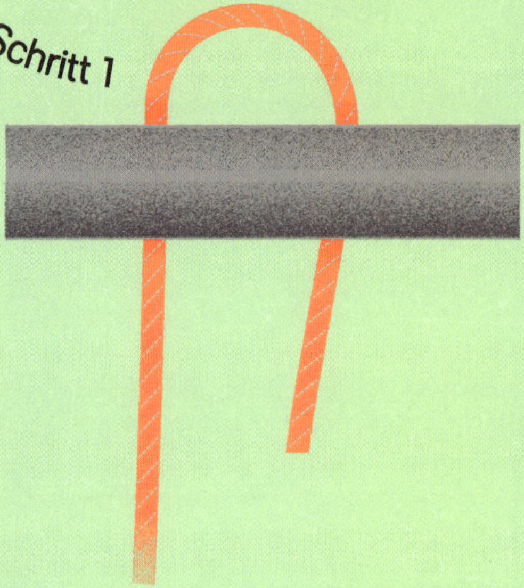

Schritt 2

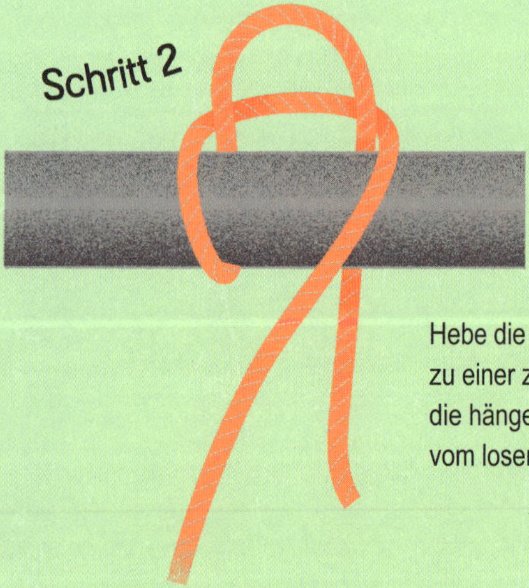

Hebe die hängende Part der Leine hoch und lege sie zu einer zweiten Bucht hinter der ersten – so, dass die hängende Part vorne vor dem Balken und links vom losen Ende herunterhängt.

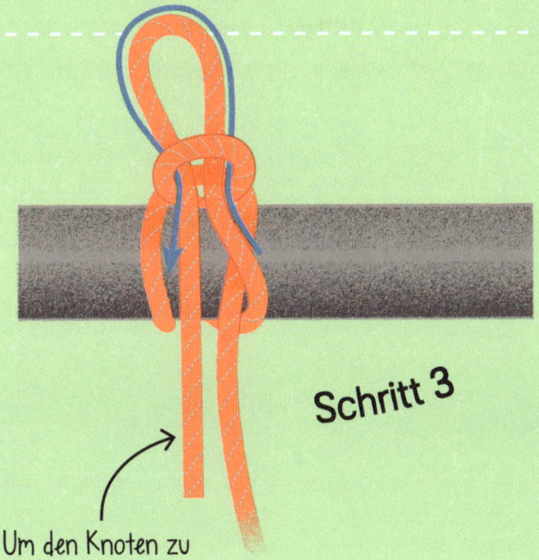

Lege zum Schluss eine Bucht aus dem losen Ende der Leine, vor dem Balken. Stecke sie in die erste Bucht, über die hängende Part. Zurre den Knoten sorgfältig fest, indem du an der hängenden Part ziehst.

Verwendungen

Stecke die Leine in Schritt 3 durch den Griff eines Werkzeugs und hänge es zum schnellen Gebrauch an einen Balken.

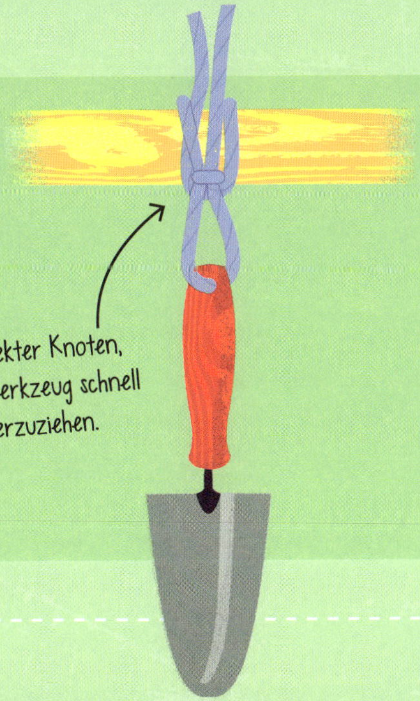

Gnat Hitch

Der Gnat Hitch ist ein sicherer Knoten – schnell und einfach zu knüpfen und so neu, dass es noch keinen deutschen Namen dafür gibt. Der 2012 erstmals dokumentierte Knoten erfüllt ähnliche Aufgaben wie der Gordingstek, ist aber einfacher zu binden. Er bietet einen guten Halt und verklemmt sich nicht – außer, wenn er sehr fest zusammengezogen wird.

Lege die Leine über und um den Balken und mache dann einen halben Schlag um die hängende Part der Leine, wie hier zu sehen.

Schritt 1

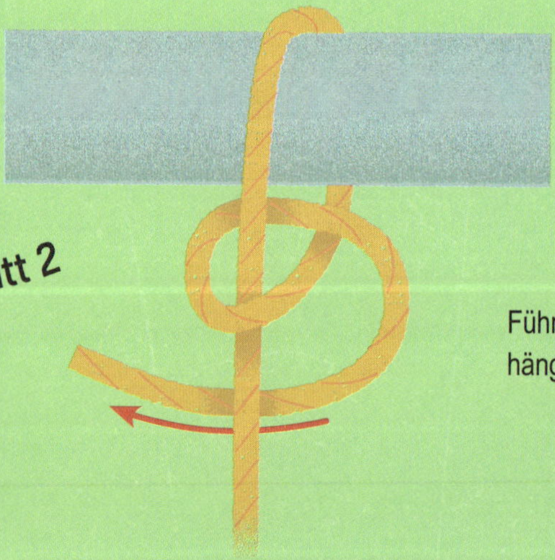

Schritt 2

Führe das lose Ende hinter der hängenden Part nach links.

Schritt 3

Stecke nun das lose Ende auf der linken Seite der hängenden Part von vorn durch die Schlaufe des halben Schlages.

Schritt 4

Ziehe den Knoten zu. Ziehe dann an der hängenden Part, damit der Knoten nach oben dicht an den Balken rutscht.

ZIEHEN, DAMIT DER KNOTEN NACH OBEN RUTSCHT

Verwendungen

Der Gnat Hitch wird gern im Garten verwendet, z.B. um ein Vogelhäuschen an einen Ast zu hängen.

Sackknoten

Ein einfacher kleiner Knoten, um eine Leine rechtwinklig an einen Balken, einen Pfosten oder ein dickeres Seil zu binden. Seeleute hängen damit Netze und Hummerfangkörbe an das Hauptseil.

Als Knoten zum Anbinden eines Seilendes an einen Balken oder eine Stange ist er besser als der Webeleinenstek, denn er ist sicherer und verklemmt sich nicht so leicht. Er funktioniert aber nur, wenn die Stange zylindrisch geformt ist.

Lege die Leine so über den Balken oder die Stange.

Führe das lose Ende nach vorn über die hängende Part nach links, dann um den Balken herum, dann zurück über sich selbst. Stecke das freie Ende unter die hängende Part der Leine und ziehe es fest.

Verwendungen

Dies ist ein guter Knoten zum Aufhängen von Bootsfendern. Gärtner binden damit Schnüre an Bambusstangen.

Rohrkupplung

Die Rohrkupplung wird verwendet, um eine zylindrische Stange, z.B. ein Rohr oder eine Gerüststange, zu ziehen oder anzuheben. Mit ihm kann man die Leine so an eine Stange binden, dass die Belastung sich über die gesamte Länge der Stange verteilt.

Schritt 1

Wickle das lose Ende der Leine mindestens viermal um die Stange. Die Anzahl der Wicklungen hängt davon ab, wie schwer und glatt die Stange ist – wickle noch ein paar Mal, wenn du dir unsicher bist.

Bevor du eine schwere Stange hebst oder senkst, teste immer zuerst, ob der Knoten hält, und füge ggf. mehr Wicklungen hinzu.

Schritt 2

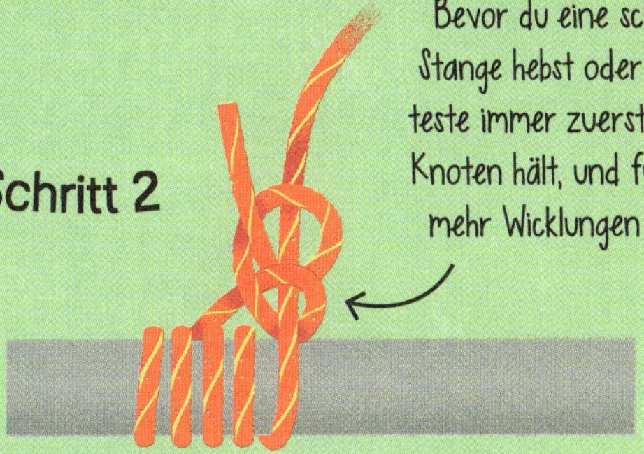

Bringe das lose Ende zurück zur stehenden Part und knüpfe dort, wo die erste Wicklung beginnt, zwei halbe Schläge um die stehende Part, einen über dem anderen, wie hier zu sehen.

Verwendungen

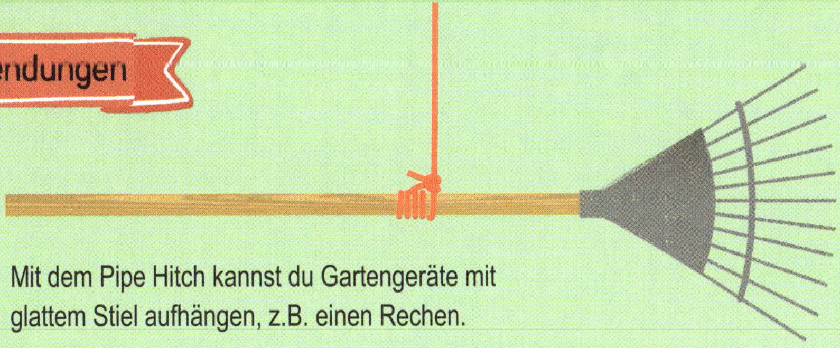

Mit dem Pipe Hitch kannst du Gartengeräte mit glattem Stiel aufhängen, z.B. einen Rechen.

Knute-Knoten

Es ist nützlich, diesen einfachen Knoten zu kennen. Mit ihm kann man eine Schnur an einem Werkzeug oder an anderen Gegenständen mit einem Loch im Griff festmachen. Er ist in Sekundenschnelle geknüpft und ebenso rasch wieder gelöst – ein sehr praktischer Knoten, um etwas aufzuhängen.

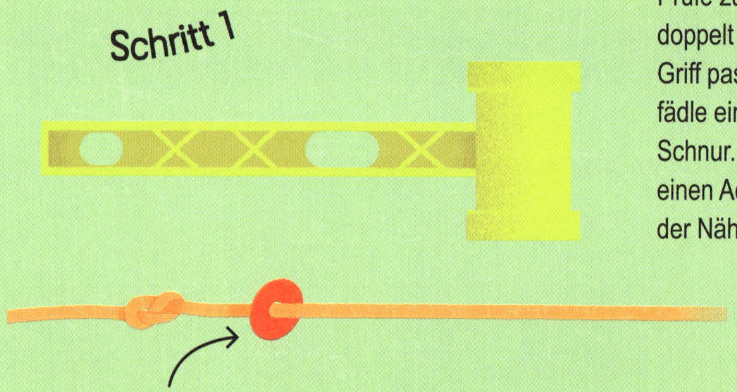

Prüfe zuerst, ob die Schnur auch doppelt gelegt durch das Loch im Griff passt. Ist das Loch sehr groß, fädle eine Unterlegscheibe auf die Schnur. Mach hinter der Scheibe einen Achtknoten in die Schnur, in der Nähe des einen Endes.

Eine Unterlegscheibe ist ein flacher Ring aus Metall, Plastik oder Leder.

Lege die Schnur, wie hier zu sehen, zu einer Bucht und schiebe diese durch das Loch im Griff.

Führe den Achtknoten und die Scheibe entweder seitlich um den Griff herum oder oben drüber und stecke sie durch die Bucht.

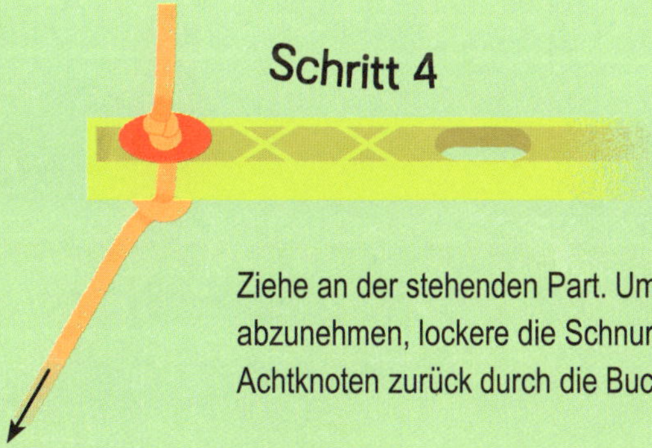

Ziehe an der stehenden Part. Um das Werkzeug abzunehmen, lockere die Schnur und schiebe den Achtknoten zurück durch die Bucht.

Verwendungen

Mit diesem Knoten kannst du Seile an den Ösen einer Plane befestigen, ohne ständig Knoten öffnen zu müssen.

Marlspiekerschlag

Dieser einfache Schlaufenknoten hat seinen Namen vom Marlspieker, einem Seemannswerkzeug, mit dem man Taue spleißen kann. Man benutzt ihn, um einen Marlspieker, einen Hammer oder ein anderes Werkzeug an eine Schnur oder Leine zu binden und so einen improvisierten Tragegriff zu erhalten. Man kann ihn auch um hölzerne Sprossen knoten, um eine Strickleiter zu knüpfen.

Schritt 1

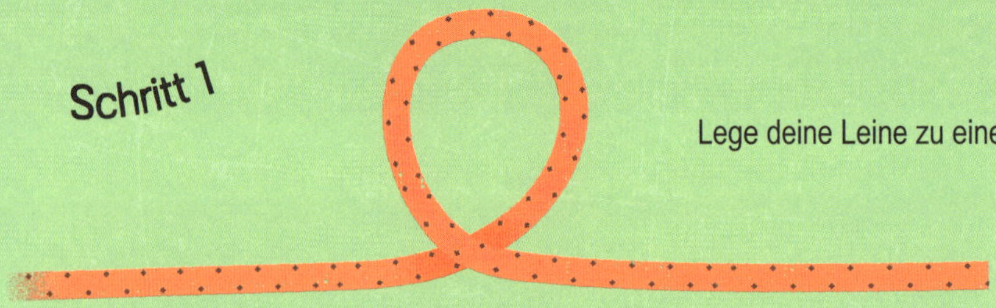

Lege deine Leine zu einem Auge.

Schritt 2

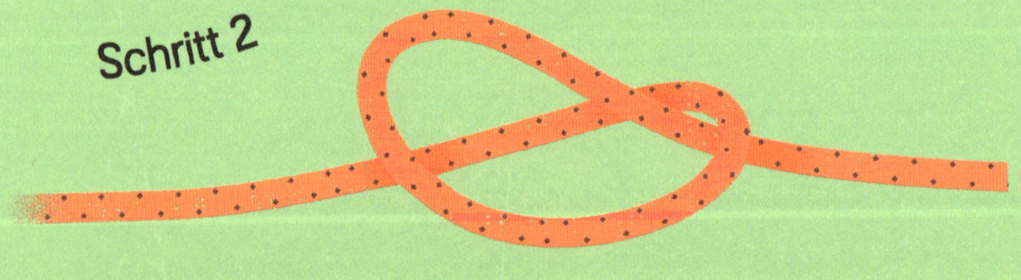

Klappe das Auge herunter über die linke Seite der Leine.

Schritt 3

Stecke den Hammer oder einen anderen Gegenstand in den Knoten, indem du ihn unter das Mittelstück der Leine und dann über die Schlaufe fädelst. Halte den Hammer gerade und ziehe den Knoten an den Enden der Leine fest.

Verwendungen

Knote damit einen Hammer, Schraubenzieher oder anderen zylindrischen Gegenstand an ein Seil, und du hast einen Griff, mit dem du etwas Schweres, z.B. einen Baumstamm, ziehen kannst.

Pfahlstek und Doppelter Pfahlstek

Dieser einfache und trotzdem sichere Knoten wird oft verwendet, um Boote und Schiffe festzumachen. Er wird in die Mitte des Seils geknüpft und ist daher nützlich, wenn die Enden des Seils anderweitig belegt oder unerreichbar sind. Er funktioniert aber nicht, wenn du nicht an das Ende des Pfahls herankommst, wenn es sich also z.B. um eine Stange vom Boden bis zur Decke handelt. Ist das Seil rutschig, mache lieber einen Doppelten Pfahlstek.

Schritt 1

Lege das Seil zu einer Bucht und führe diese hinter den Pfahl.

Schritt 2

Wickle die Bucht einmal um den Pfahl herum – in die Richtung, die sie vom Ende des Pfahls wegführt.

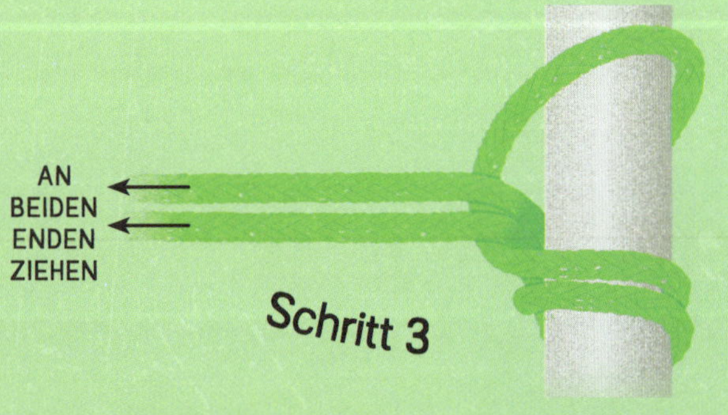

Schritt 3

Hebe nun das Ende der Bucht über das Ende des Pfahls, und schon ist der Knoten fertig! Ziehe zum Festzurren an beiden Seilenden.

Einen Doppelten Pfahlstek knüpfen

Wickle die Bucht nach Schritt 2 noch einmal um den Pfahl herum, bevor du mit Schritt 3 weitermachst.

Verwendungen

Der Pfahlstek eignet sich gut zum vorübergehenden Festmachen eines Bootes, denn er ist sehr leicht anzulegen und loszumachen.

Prusikknoten

Dieser Knoten ist nach Dr. Karl Prusik benannt, einem österreichischen Bergsteiger, der ihn 1931 erfand. Seitdem kommt er häufig beim Sport zur Anwendung, vor allem beim Klettern, Höhlenklettern und Abseilen. Er besteht aus einer Schlinge, die um ein vertikal hängendes Seil geknüpft wird. Der Knoten kann problemlos am Seil auf- und abrutschen, klemmt aber daran fest, wenn man ihn belastet.

Außer beim Sport kann so eine Prusikschlinge am Seil auch für andere Anwendungen nützlich sein, z.B. um einen Haken für Dinge wie eine Werkzeugtasche darin einzuhängen.

Schritt 1

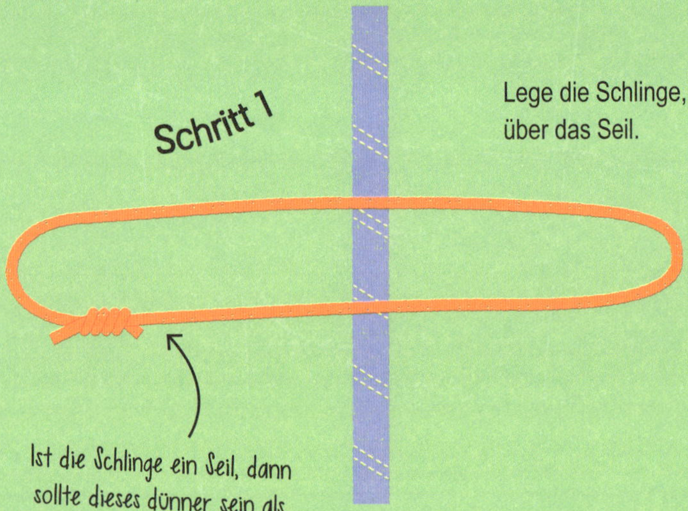

Lege die Schlinge, wie hier zu sehen, als Bucht über das Seil.

Ist die Schlinge ein Seil, dann sollte dieses dünner sein als das Seil, an das sie geknotet wird.

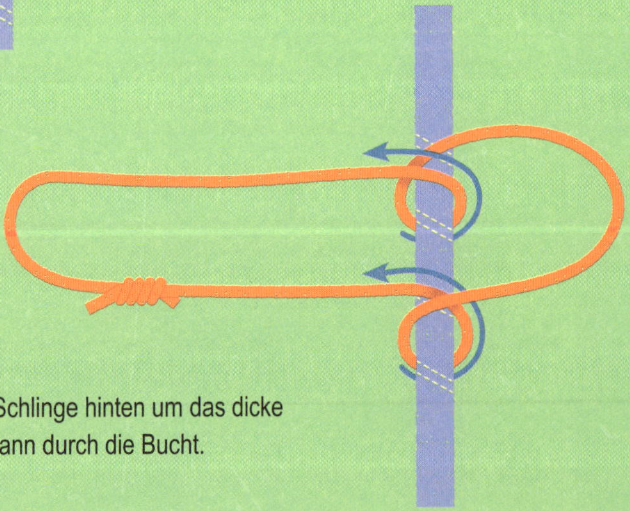

Schritt 2

Wickle den linken Teil der Schlinge hinten um das dicke Seil herum und ziehe ihn dann durch die Bucht.

Schritt 3

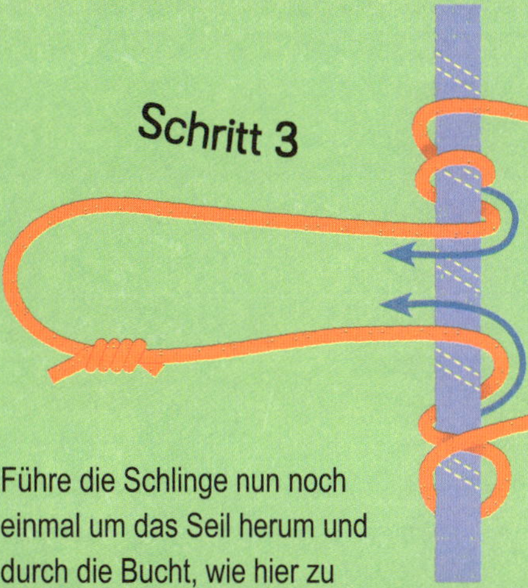

Führe die Schlinge nun noch einmal um das Seil herum und durch die Bucht, wie hier zu sehen.

Schritt 4

Schiebe zum Fertigstellen des Knotens die Windungen am Seil enger zusammen und ziehe dann an der Schlinge.

Verwendungen

Wickle eine Seilschlinge um ein dickeres Seil, um ein Werkzeug oder einen Eimer zur Hand zu haben.

Mit einem Prusikknoten könntest du z.B. einen Farbeimer an ein vertikales Seil hängen.

Stopperstek

Mit dem Stopperstek kannst du eine Leine an eine glatte Stange knoten – z.B. eine Gerüststange –, die unter Belastung steht, oder auch eine Leine an eine andere. Der Knoten kann per Hand verschoben werden, um die Position des anzuknüpfenden Seils zu regulieren, klemmt sich aber am Seil fest, sobald er festgezogen wird. An modernen, glatten Seilen hält er nicht so gut, da solltest du also vorsichtig sein.

Den Stopperstek an eine Stange knoten

Wickle das lose Ende der Leine mindestens zweimal um die Stange, wie hier zu sehen.

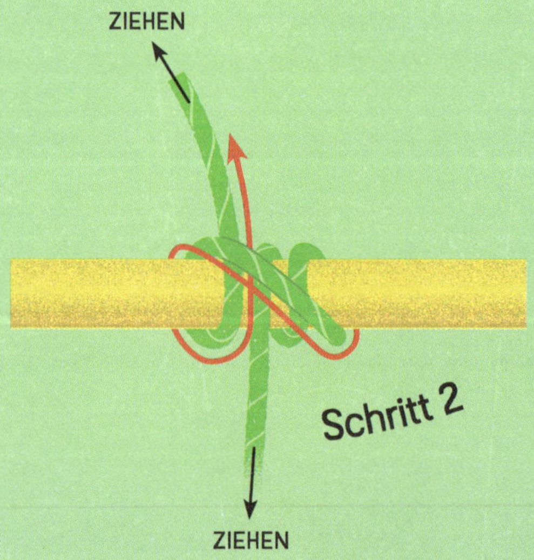

Lege das lose Ende quer über die Vorderseite der Stange und die Leinenwicklungen und knote links von der hängenden Part einen halben Schlag. Ziehe an beiden Seiten, um den Knoten gut festzuzurren, bevor du ihn belastest.

Den Stopperstek an ein Seil knoten

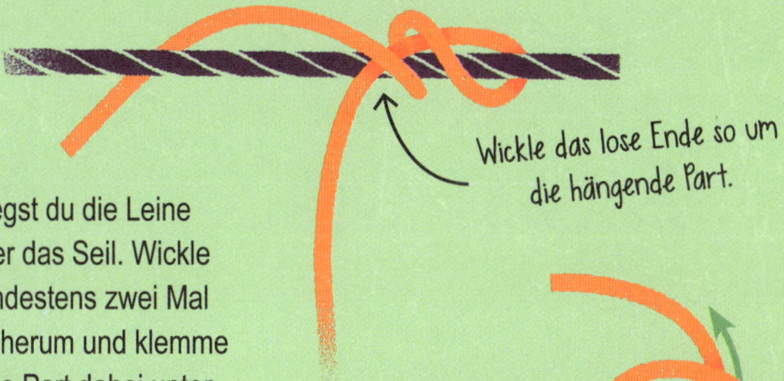

Schritt 1

Zu Beginn legst du die Leine (orange) über das Seil. Wickle sie dann mindestens zwei Mal um das Seil herum und klemme die hängende Part dabei unter den Windungen ein.

Schritt 2

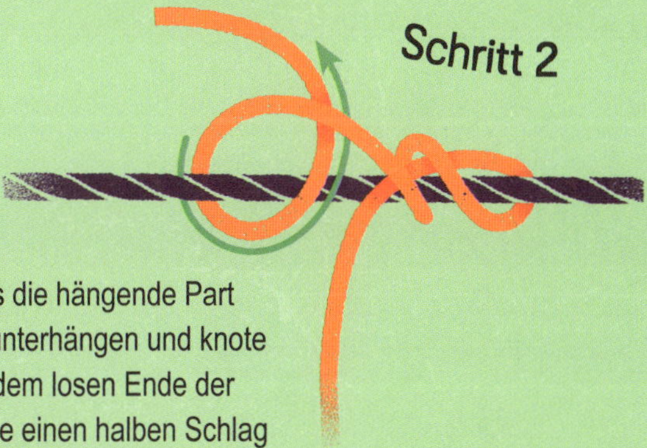

Lass die hängende Part herunterhängen und knote mit dem losen Ende der Leine einen halben Schlag um das Seil.

Schritt 3

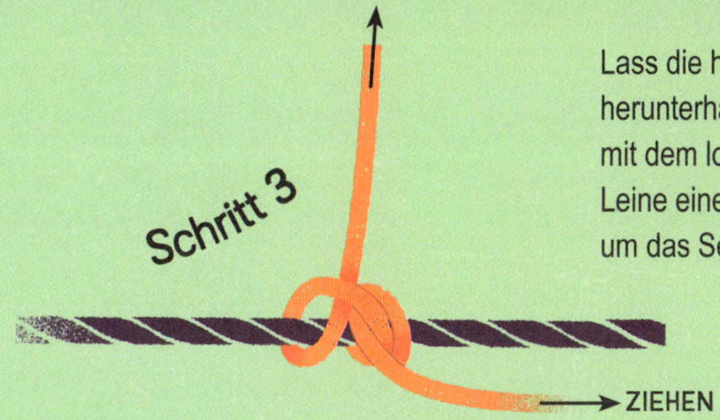

Zurre den Knoten fest, indem du an beiden Enden der Leine ziehst.

Verwendungen

Mit einem Stopperstek kann man z.B. eine Leine an ein Seil knoten, wenn man ein Ruderboot abschleppen will.

Tensionless Hitch

Dieser Knoten kommt oft bei Rettungsaktionen zum Einsatz, ist aber auch sehr nützlich, wenn du z.B. eine Schaukel – speziell eine Tellerschaukel – an einen Ast hängen willst. Er ist sehr einfach zu knüpfen, funktioniert aber nur mit einer Seilklemme oder einem Karabiner.

Knüpfe eine kleine Schlaufe in das lose Ende deiner Leine. Das kannst du z.B. mit einem Achterknoten machen (siehe S. 62) oder mit einer Anglerschlaufe (siehe S. 64).

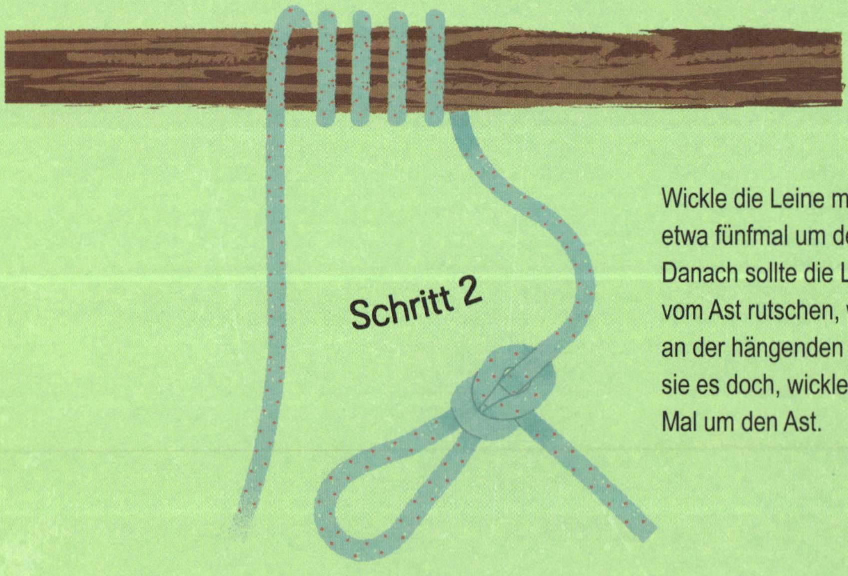

Wickle die Leine mit der Schlaufe etwa fünfmal um den Ast herum. Danach sollte die Leine nicht mehr vom Ast rutschen, wenn du kräftig an der hängenden Part ziehst. Tut sie es doch, wickle sie noch ein paar Mal um den Ast.

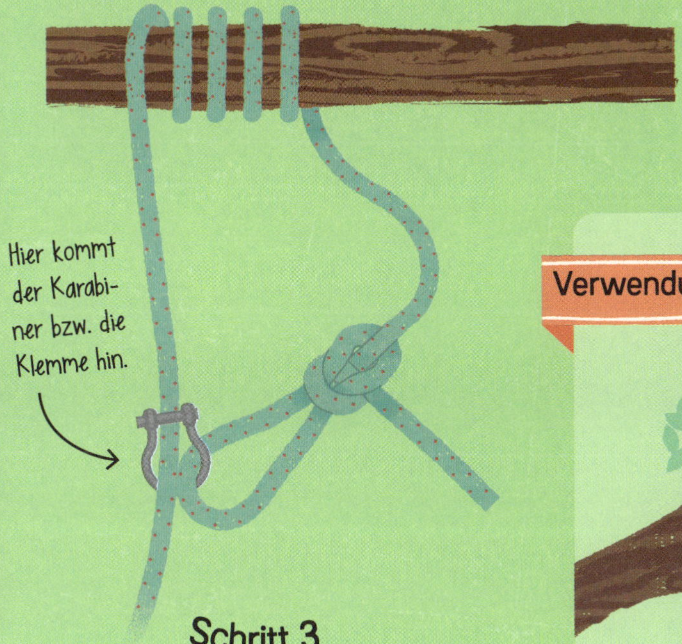

Schritt 3

Verbinde mit dem Karabiner oder einer Seilklemme die Schlaufe mit der hängenden Part der Leine. So kann sich das Seil auch bei starkem Wind nicht abwickeln.

Verwendungen

Der Tensionless Hitch ist ideal, um eine Tellerschaukel an einem dicken Ast zu befestigen.

Zimmermannsknoten

Dieser praktische, sichere Schlingenknoten ist einfach zu knüpfen, leicht wieder zu lösen und kann sich nicht verklemmen. Er heißt Zimmermannsknoten, weil er gut geeignet ist, um mit einem Seil dicke Baumstämme zu ziehen. Mit Zimmermannsknoten werden häufig auch die Saiten an Saiteninstrumenten wie Gitarren und Ukulelen angebracht.

Schritt 1

Lege das lose Ende von hinten über den Baumstamm und überkreuze dann vorn die hängende Part. Danach fädelst du das Ende durch die Schlaufe, die du gerade gebildet hast, wie hier zu sehen.

Schritt 2

Eine Schlinge ist eine Schlaufe, deren Größe man leicht verändern kann.

Wickle das lose Ende nun mehrere Male um die Schlaufe herum, zurück über den Baumstamm. Dadurch läuft die hängende Part nun durch ein kleines Auge, das zur Schlinge wird.

Zieht man nun an der hängenden Part, verengt sich die Schlinge und die Wicklungen der Leine werden so an den Stamm geklemmt.

Schritt 3

Verwendungen

Binde mit diesem Knoten ein Seil an einen Ast, den du beschneiden willst. Lege das Seil dann über einen höhergelegenen Ast und binde es unten an einem Gegenstand am Boden fest. So kann der abgeschnittene Ast dann langsam heruntergelassen werden.

SCHLAUFEN & SCHLINGEN

In diesem Kapitel stellen wir Knoten vor, die Schlaufen oder Schlingen bilden. Bei einer Schlaufe sitzt der Knoten fest und die Schlaufe auch; ihre Größe lässt sich nicht mehr ändern. Eine Schlinge wird dagegen mit einem verschiebbaren Knoten gebildet, sodass sie sich unter Zug zuziehen und so ihre Größe verändern kann, wie es z.B. bei einem Lasso der Fall ist.

Sackstich als Schlaufe

Dies ist ein einfacher, aber sicherer Knoten – so sicher, dass er kaum noch zu öffnen ist, wenn man ihn einmal fest zugezogen hat. Er ist eine Variante des Überhandknotens (siehe S. 6) und kann auch am Ende einer Leine als verlässlicher Stopperknoten eingesetzt werden.

Die Sackstich-Schlaufe eignet sich besser für glattere Leinen als für Seile, weil sie sich so fest zusammenzieht.

Schritt 1

Lege die Leine doppelt, sodass du eine schmale Bucht hast. Knüpfe aus beiden Strängen einen Überhandknoten, sodass die Bucht an dem einen Ende herauskommt und eine Schlaufe bildet.

Schritt 2

Zurre den Knoten fest, indem du die Schlaufe von der doppelten Leine wegziehst.

Verwendungen

Mithilfe dieser Schlaufe kannst du alles aufhängen, was ein Loch im Griff hat!

Achterknoten als Schlaufe

Der Achterknoten als Schlaufe wird genauso geknüpft wie der Achtknoten auf S. 7, aber mit einer doppelt gelegten Leine. Es gibt zwei Methoden dafür – nimm die, die du einfacher findest.

Schritt 1

Lege die Leine doppelt, sodass eine schmale Bucht entsteht. Diese klappst du dann, wie hier zu sehen, nach vorn über die doppelte stehende Part.

Dies ist der gleiche Weg, den du auch beim Achtknoten (S. 7) einschlägst – hier eben mit einer doppelten Leine.

Schritt 2

Führe die Bucht nach rechts unter der doppelten stehenden Part hindurch und stecke sie dann von oben zurück durch die Schlaufe links.

Gesteckte Variante – rückwärts dem Verlauf folgen

Beginne mit einem einfachen Achtknoten (siehe S. 7). Folge nun mit dem losen Ende dem Knotenverlauf rückwärts genau nach (die beiden Leinenstränge immer nebeneinander), bis die Schlaufe entsteht.

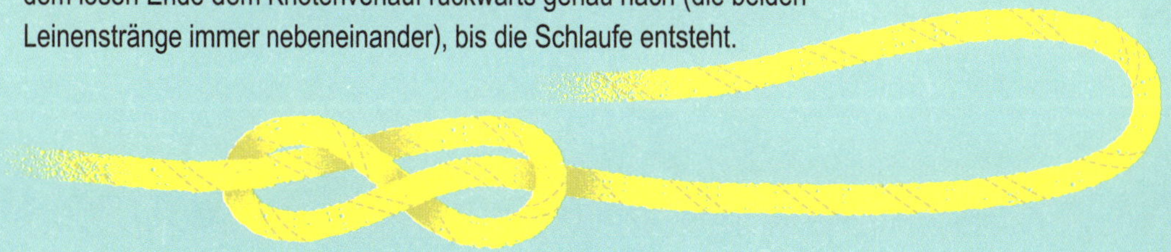

Verwendungen

Dies ist ein starker Knoten, der gut am Ende eines eher steifen Seils funktioniert. Mit der obigen Steckmethode kannst du z.B. ein Abschleppseil an eine Kupplung oder einen Ring binden.

Anglerschlaufe

Dies ist ein alter Anglerknoten, der sich sehr gut für moderne Synthetikschnüre und -seile eignet. Er ist sicher, zieht sich bei Belastung aber sehr fest zusammen – verwende ihn also nur, wenn du ihn nicht (so bald) wieder öffnen musst. Anders als viele andere Schlaufenknoten funktioniert er auch gut mit elastischen Leinen.

Es gibt zwei Methoden für diesen Knoten: Methode 1 ist die einfachste, wenn du eine Schlaufe am Ende einer Leine brauchst; bei Methode 2 führt die Schlaufe rund um einen Gegenstand oder durch einen Ring.

Methode 1

Schritt 1

Lege die Leine zu einer Bucht mit dem losen Ende nach links. Führe das lose Ende unter die stehende Part und zurück über die Bucht, sodass rechts eine größere Schlaufe entsteht.

Schritt 2

Wickle das lose Ende der Leine um das obere Ende der ursprünglichen Bucht.

Schritt 3

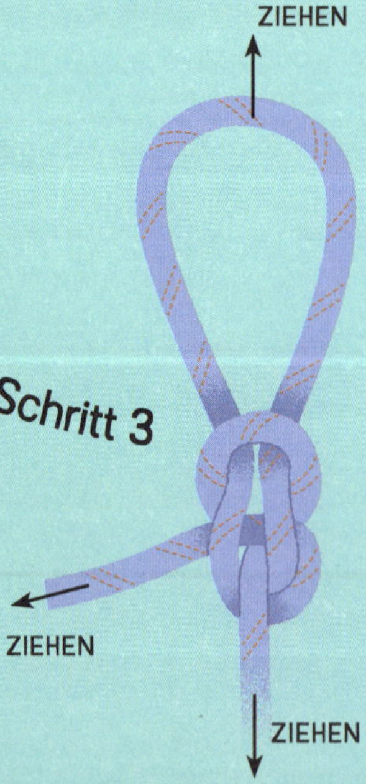

Nimm die größere Schlaufe von rechts und ziehe sie von vorn nach oben durch die ursprüngliche Bucht. Ziehe zum Festzurren an der Schlinge und beiden Enden der Leine.

Methode 2

Schritt 1

Mache einen einfachen Überhandknoten an der Stelle, an der der endgültige Knoten sitzen soll. Gehe dabei zuerst unter die hängende Part, dann darüber.

Schritt 2

Stecke das lose Ende durch den Gegenstand, an dem die Leine hängen soll (z.B. einen Ring) und zurück nach unten durch die Schlaufe des Überhandknotens.

Schritt 3

Führe das lose Ende hinter die hängende Part und stopfe es, wie hier gezeigt, nach oben durch den Überhandknoten.

Schritt 4

Zum Schluss führst du das lose Ende unter sich selbst durch, wie hier zu sehen. Zum Festzurren ziehst du an der Schlaufe und an der stehenden Part.

Verwendungen

Dieser Knoten bildet eine sichere Schlaufe in elastischen Seilen, um z.B. eine Anhängerplane an den Seitenösen zu befestigen.

Palstek

Der Palstek ist der in der Seefahrt am häufigsten angewendete Knoten – und das schon seit Hunderten von Jahren. Er ist einfach zu knüpfen und verklemmt sich nicht.
Er ist leicht zu lösen – aber nur, wenn er gerade nicht belastet wird. Der gewöhnliche Palstek kann ungewollt aufgehen, daher sind diese sichereren Versionen gute Alternativen: der Scott's Lock (S. 68), der Rundtörnpalstek (S. 70) und der Wasserpalstek (S. 72).

Schritt 1

Lege ein kleines Auge, wie hier zu sehen.

Stecke das lose Ende von hinten durch das Auge, das du in Schritt 1 gebildet hast, und führe es dann nach unten, hinter die stehende Part.

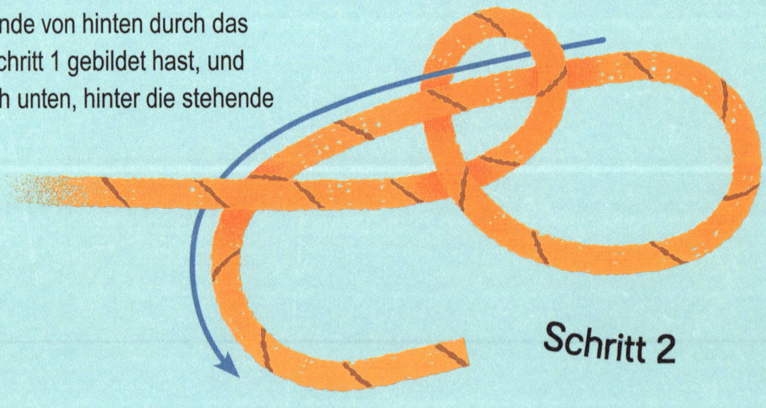

Schritt 2

Nun steckst du das lose Ende wieder zurück durch das kleine Auge, auf dem gleichen Weg wie zuvor. Ziehe den Knoten sorgfältig fest und belasse das lose Ende dabei innerhalb der größeren Schlaufe.

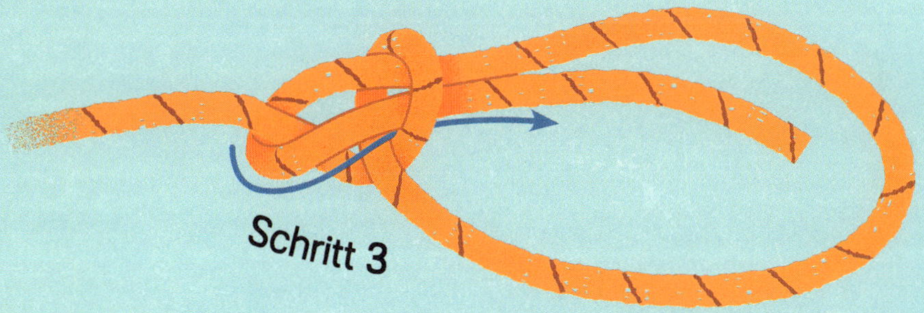

Verwendungen

Der Palstek ist ein Universalknoten, der zu Land und zu Wasser verwendet werden kann. Er ist eine gute Wahl, wenn er leicht wieder zu lösen sein soll.

Mit zwei Palsteks kannst du auch zwei Seile zusammenknoten.

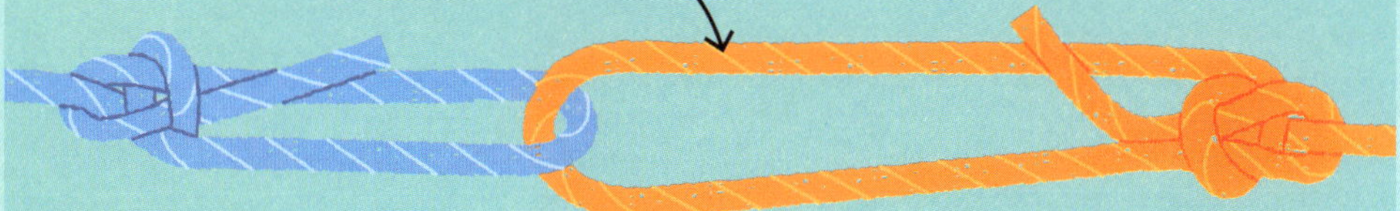

Scott's Lock

Dieser Knoten wurde von Scott Safir, einem amerikanischen Mitglied der International Guild of Knot Tyers (zu deutsch: Internationale Gilde der Knotenmacher), erfunden. Er stellt eine einfache Erweiterung des Palsteks dar, die den Knoten noch sicherer macht.

Knüpfe zuerst einen Palstek, ziehe ihn aber nicht fest, sondern lass ihn locker liegen.

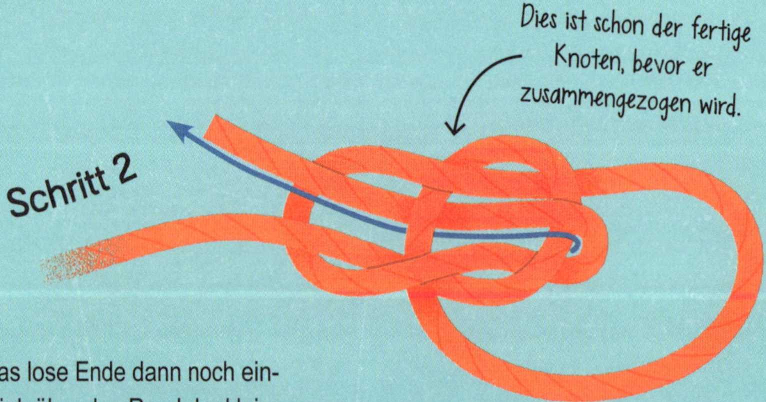

Führe das lose Ende dann noch einmal zurück über den Rand der kleinen Schlaufe, dann unter den Mittelstrang und wieder nach oben über den Rand der links liegenden Schlaufe, wie hier zu sehen.

Schritt 3

Zurre zuerst den ursprünglichen Palstek fest und ziehe dann am losen Ende, um den Knoten zu vollenden.

Verwendungen

Der Scott's Lock kann verwendet werden, um sich mit dem Klettergurt ins Seil einzuhängen. Er ist auch eine gute Schlaufe, um ein Boot festzumachen, da er sich auch bei viel Wind nicht löst.

Rundtörnpalstek

Dieser Knoten ist sicherer als der einfache Palstek und sehr einfach zu knüpfen. Er besitzt zwei Schlaufen, was mehr Grip bietet, wenn du mit steifen oder rutschigen Seilen arbeitest.

Schritt 1

Zu Beginn legst du zwei Überhand-Augen, eins auf dem anderen liegend, etwa so:

Schritt 2

Führe das lose Ende von hinten durch beide in Schritt 1 gelegte Augen hindurch.

Schritt 3

Nun führst du das lose Ende unten hinter die stehende Part und wieder auf gleichem Wege wie vorher zurück durch die beiden Augen. Du endest in der großen Schlaufe rechts.

Schritt 4

Zurre den Knoten sorgfältig fest, indem du an beiden Seilenden und der Hauptschlaufe ziehst.

Verwendungen

Der Rundtörnpalstek bietet etwas mehr Sicherheit als der einfache Palstek und wird oft in Schiffshaltetaue geknüpft.

Wasserpalstek

Der Wasserpalstek heißt so, weil man ihn immer noch gut lösen kann, selbst wenn er im Wasser gelegen hat und das Seil dadurch aufgequollen ist. Er ist eine weitere Variante des Palsteks, die sicherer ist als die einfache Version.

Schritt 1

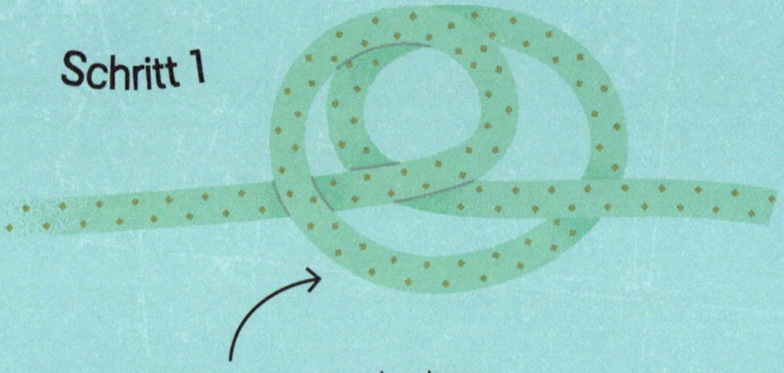

Lege zwei Überhand-Augen. Schiebe das zweite Auge etwas versetzt unter das erste, und du hast einen Webeleinenstek (siehe S. 36).

Der Knoten ist quasi eine Kombination aus Webeleinen- und Palstek.

Schritt 2

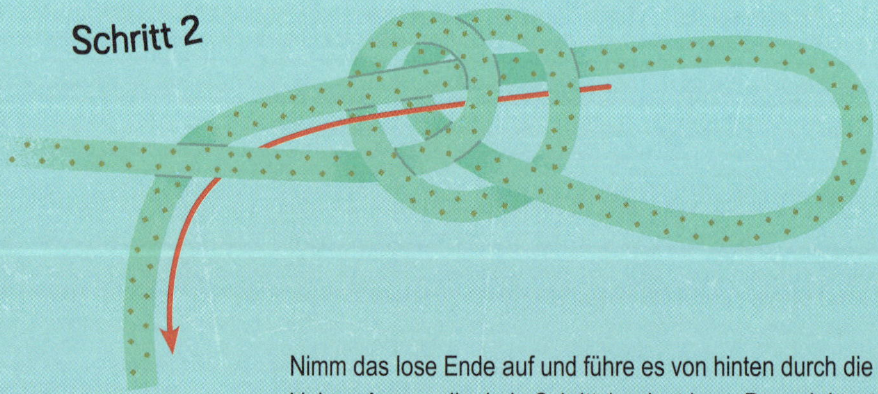

Nimm das lose Ende auf und führe es von hinten durch die beiden kleinen Augen, die du in Schritt 1 gelegt hast. Danach legst du es nach unten hinter die stehende Part.

Schritt 3

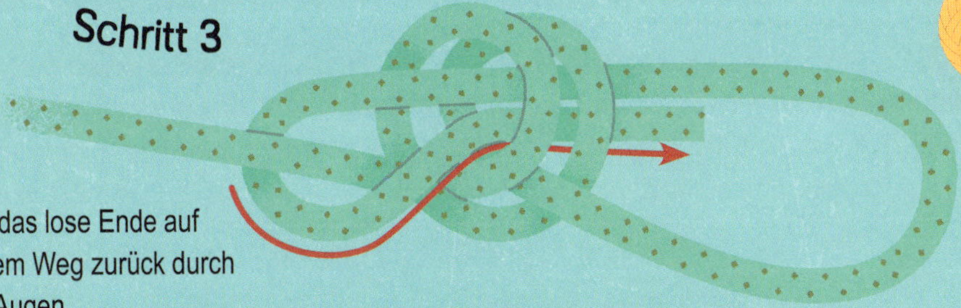

Führe das lose Ende auf gleichem Weg zurück durch beide Augen.

Schritt 4

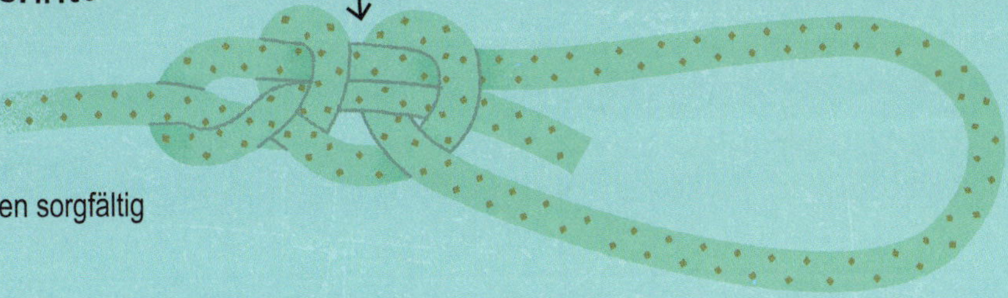

Ziehe den Knoten sorgfältig zusammen.

Verwendungen

Dieser Knoten ist ideal bei nassen Bedingungen, z.B. wenn das Seil eine Weile unter Wasser liegt.

Bowstring-Knoten

Der Bowstring-Knoten ist einer der einfachsten und auch einer der ältesten bekannten Knoten. Er ist schnell geknüpft und überraschend sicher. Anders als andere Schlingen, die sich zusammenziehen, wenn am Seil gezogen wird, wird die Schlinge beim Bowstring-Knoten größer. Man kann sie also als behelfsmäßiges Tierhalsband mit Leine einsetzen, ohne dass das Tier am Hals gewürgt wird.

Mach einen Überhandknoten in die Leine, der genauso aussieht wie hier. Am losen Ende entsteht später noch eine Schlaufe, der Knoten sollte also nicht zu dicht an diesem Ende sitzen.

Schritt 1

Dieser Teil der Leine wird zur Schlaufe, er sollte also nicht zu kurz sein.

Schritt 2

Führe das lose Ende nach oben durch den Überhandknoten, wie hier zu sehen. Es ist wichtig, dass der Knoten genauso geknüpft wird – wird das Ende anders durch den Knoten gezogen, wird sich der Knoten später lösen.

Schritt 3

Ziehe den Überhandknoten zusammen, sodass das lose Ende eingeklemmt wird und eine Schlinge entsteht. Diese Schlinge kann ganz leicht verändert werden, indem du am losen Ende ziehst. Erstaunlicherweise rutscht es nicht leicht heraus, wenn man an der Schlinge zieht, aber für noch mehr Sicherheit kannst du ganz unten ins lose Ende noch einen Überhandknoten machen, damit es nicht ganz herausrutscht.

Verwendungen

Mit dem Bowstring-Knoten kannst du ein behelfsmäßiges Hundehalsband mit Leine knüpfen.

Schmetterlingsknoten

Dieser Knoten wurde erstmals in den 1920er Jahren im Magazin *The Alpine Journal* abgebildet. Der sehr sichere und starke Knoten wird in die Mitte eines Seils geknüpft – die Enden finden diesmal gar keine Verwendung. Der Knoten kann in alle Richtungen belastet werden.

Er ist nicht nur wertvoll als Schlaufe, sondern kann auch verwendet werden, um einen beschädigten Seilabschnitt zu isolieren. Du kannst den Knoten einhändig um deine andere Hand herum knüpfen und dabei seine Größe anpassen.

Wickle das Seil zweimal so um deine Hand.

Schritt 1

Wickle es noch einmal herum, lege es aber diesmal zwischen die ersten beiden Windungen.

Schritt 2

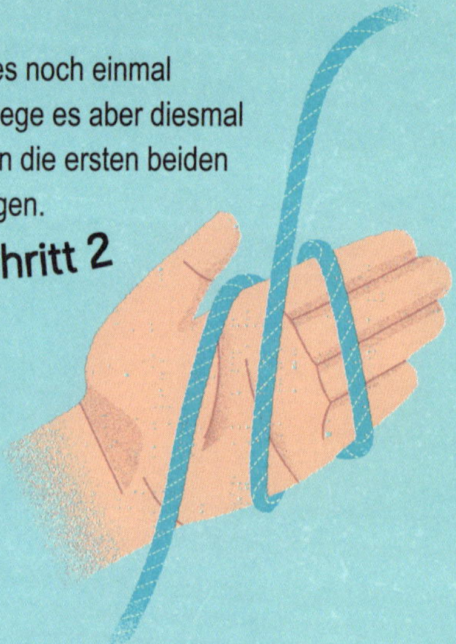

Willst du einen beschädigten Seilabschnitt isolieren, dann sollte dieser hier liegen.

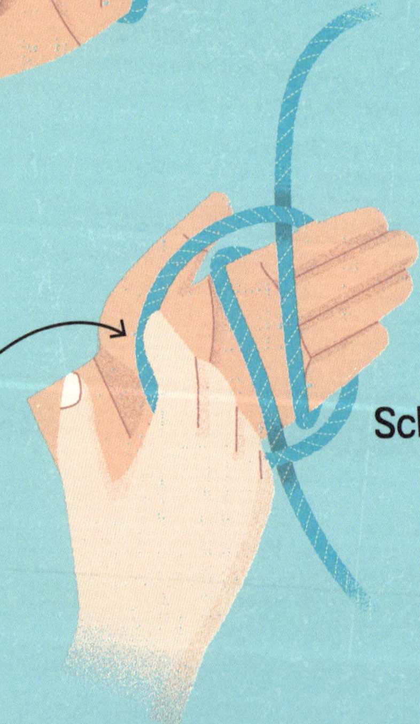

Schritt 3

Ziehe die Windung hoch, die deinen Fingerspitzen am nächsten liegt, und lege sie nach links über die anderen beiden Windungen.

Schritt 4

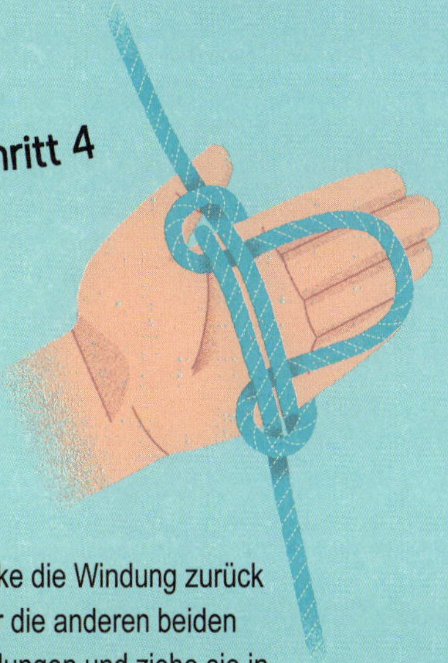

Stecke die Windung zurück unter die anderen beiden Windungen und ziehe sie in Richtung der Fingerspitzen.

Schritt 5

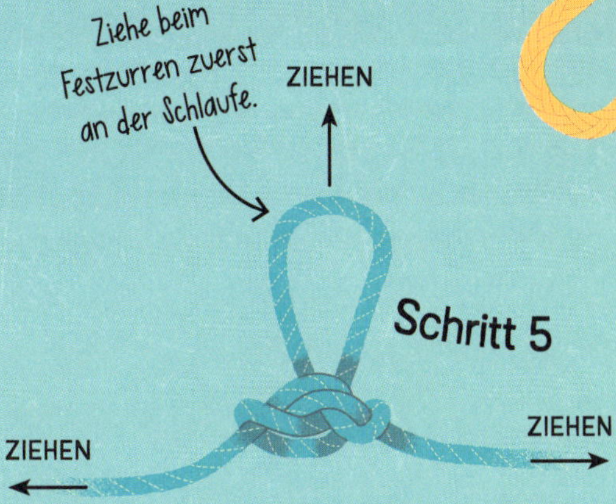

Ziehe den Knoten nun vorsichtig von der Hand ab. Zurre ihn fest, indem du zuerst an der entstandenen Schlaufe, dann an den stehenden Parten ziehst. Einmal festgezogen, steht die Schlaufe im rechten Winkel zum Rest des Seils.

Verwendungen

Diese Schlaufe ist die perfekte Lösung, wenn ein beschädigter Abschnitt des Seils isoliert werden soll, damit er nicht noch mehr Belastung ausgesetzt wird.

Kosakenknoten

Diese Variante des Palsteks war bei den Inuit schon lange bekannt, als der Polarforscher Sir John Ross ihn im 19. Jahrhundert bei ihnen entdeckte. Verglichen mit einem „gewöhnlichen“ Palstek hält diese Version es besser aus, wenn an der Schlaufe gezogen wird. Man kann den Knoten auch gut auf Slip legen (er heißt dann „Kalmückenknoten“), damit er schnell wieder gelöst werden kann.

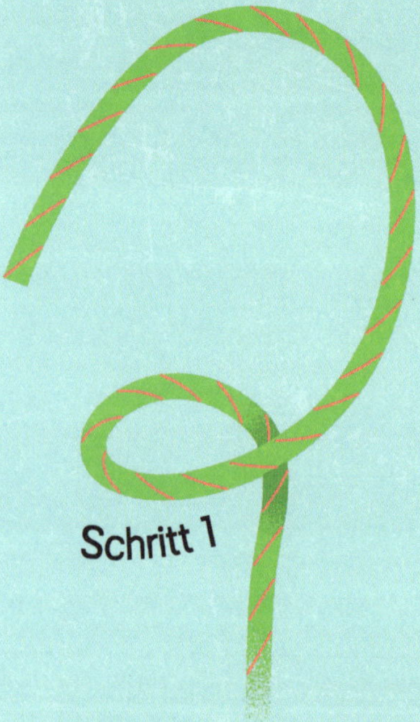

Schritt 1

Lege ein kleines Auge in deine Leine.

Schritt 2

Schiebe das lose Ende nach unten durch dieses Auge.

Schritt 3

Lege das lose Ende unter die stehende Part und nach rechts hinüber.

Schritt 4

Stecke das lose Ende nun nach oben und zurück durch das erste kleine Auge, das du geformt hast, sodass es, wie hier zu sehen, hinter der größeren Schlaufe wieder herauskommt.

Denk dran, die Leine in der richtigen Reihenfolge zu führen: drüber, drunter, drüber, drunter!

Schritt 5

Ziehe den Knoten sorgfältig zusammen. Von der einen Seite sollte er so aussehen.

Verwendungen

Der Kosakenknoten eignet sich besser als der gewöhnliche Palstek, um ein Schiff an einem großen Poller festzumachen.

Bauernschlaufe

Ein weiterer Schlaufenknoten für die Mitte eines Seils, den du ganz schnell und einfach um deine Hand wickeln kannst. Er ist stark und sicher.

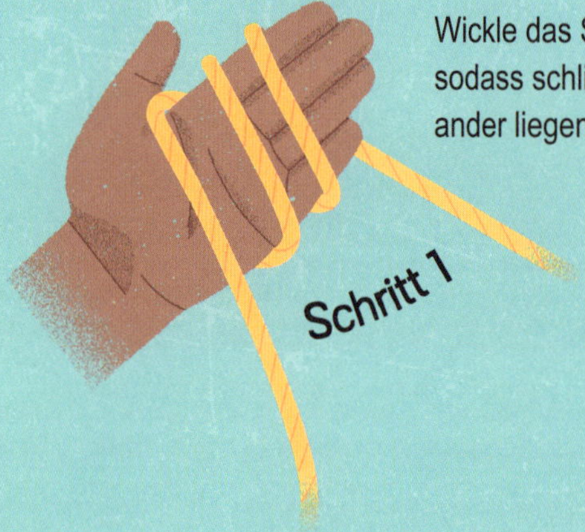

Wickle das Seil dreimal um deine Hand, sodass schließlich drei Windungen nebeneinander liegen.

Ziehe die mittlere Windung hoch und lege sie nach rechts hinüber.

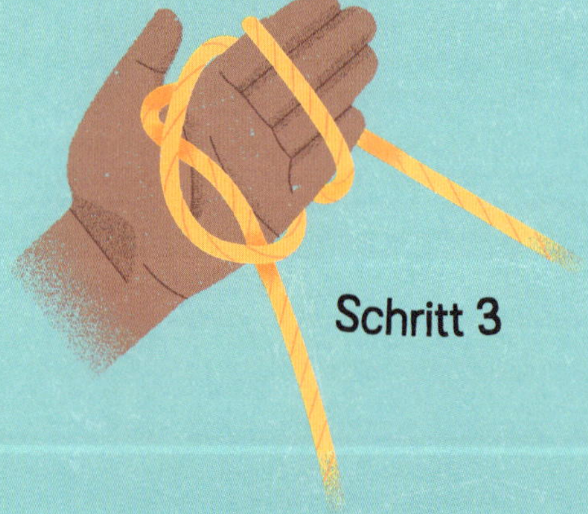

Ziehe die neue mittlere Windung hoch und lege sie nach links hinüber.

Ziehe die Windung hoch, die nun in der Mitte liegt, und lege sie nach rechts hinüber.

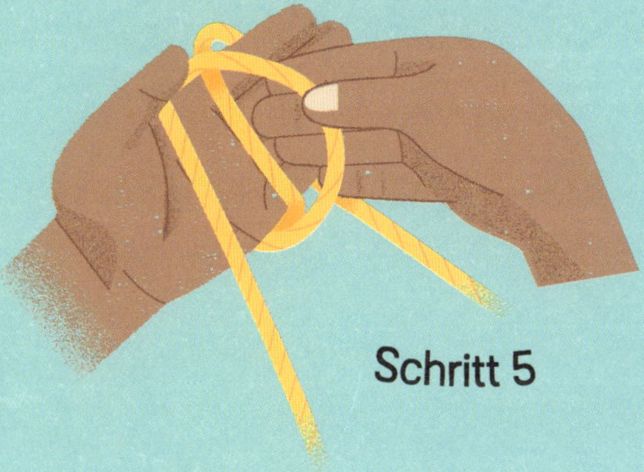

Schritt 5

Hebe nun die neue mittlere Windung hoch und von deiner Hand weg und ziehe deine Hand aus dem Rest des Knotens heraus. Ziehe an der Schlaufe, die du festhältst, und zurre den Knoten darunter fest.

Schritt 6

So sieht die fertige Schlaufe aus.

Verwendungen

Die Bauernschlaufe ist nützlich, wenn du Hand- oder Fußschlaufen brauchst, ein Werkzeug aufhängen oder ein langes Seil verkürzen willst.

Merk dir die Reihenfolge:

Die Mitte nach rechts
Die Mitte nach links
Die Mitte nach rechts
Die Mitte nach oben

Höhlenknoten

Dies ist ein Schlingenknoten, der sich zuzieht, wenn man eine Last daran hängt. Er hält gut, fällt aber in sich zusammen, wenn die Schlinge nicht durch eine sogenannte Kausch verstärkt wird. Eine Kausch ist ein meist tropfenförmiges Objekt aus Metall oder Plastik, das man in eine Seilschlinge steckt, um das Seil vor Verschleiß zu schützen. Die Schlinge ist auch nützlich, um das Seil an einen Metallring zu binden.

Schritt 1

Lege das lose Ende zu einer großen Bucht. Lege das Ende dann über und um die stehende Part, wie hier zu sehen.

Schritt 2

Wickle das lose Ende zweimal zurück um sich selbst und den Hauptstrang des Seils, in Richtung Schlaufe. Lass die Windungen jetzt noch ganz locker.

Schritt 3

Führe das lose Ende zurück nach links durch alle Windungen aus Schritt 2. Zurre den Knoten fest, indem du am losen Ende ziehst.

Wird eine Kausch verwendet, steckst du sie in die Schlinge, wie hier zu sehen, bevor der Knoten festgezogen wird. Halte die Kausch beim Festziehen fest, damit sie an ihrem Platz bleibt.

Schritt 4

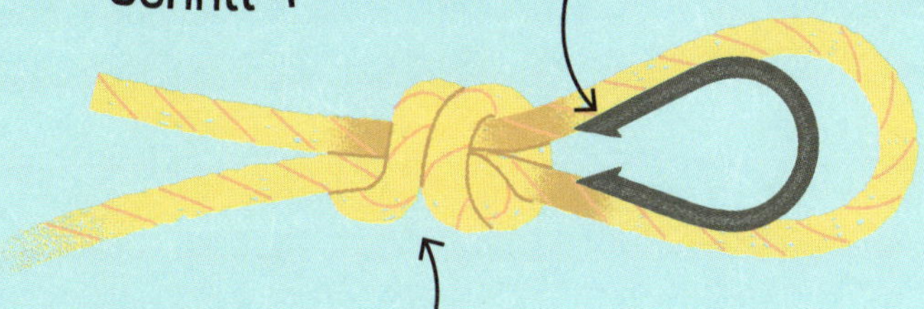

Verwendungen

Verwende den Knoten, um eine Plane zu beschweren, die keine Ösen hat. Lege dazu einen glatten Stein unter ein Stück der Plane und binde dann den Höhlenknoten drum herum.

BINDEKNOTEN

Ein Bindeknoten wird um einen oder mehrere Gegenstände geknüpft, um sie zusammenzuhalten. Das könnte ein Bündel Holzscheite sein, ein eingepacktes Geschenk oder eine Rolle Teppich. Mit ihm kann man auch die Teile eines Stuhls zusammenhalten, während sie geleimt werden.

Würgeknoten

Dieser Bindeknoten ist gut für gewölbte Oberflächen geeignet – ideal, um ein Bündel von Dingen zusammenzuhalten oder notfalls auch einen Schlauch an einen Wasserhahn zu binden.

Es gibt zwei Knüpfmethoden: Mit der ersten kannst du ein Seil um etwas Dickes herumknoten, wenn dir das lose Ende zur Verfügung steht. Bei der zweiten machst du den Knoten in der Mitte des Seils zuerst in deiner Hand, bevor du das Seil über oder rund um einen Gegenstand legst.

ACHTUNG: Einmal festgezogen, ist ein Würgeknoten sehr schwer zu lösen. Er sollte, wie auch der Schnürknoten (siehe S. 92), nie um Körperteile gebunden werden.

Den Würgeknoten um etwas herumknoten

Schritt 1

Häng das lose Ende deines Seils über den Gegenstand, sodass es rechts von der stehenden Part herunterhängt. Lege es dann nach links über sich selbst und noch einmal um den Gegenstand herum, sodass es nun dahinter hängt.

Führe das lose Ende nach oben und über die stehende Part. Stecke es dann unter den überkreuzten Seilabschnitten oben auf dem Gegenstand durch. So entsteht ein Überhandknoten, der unter dem herumgewickelten Seil eingeklemmt wird.

Schritt 2

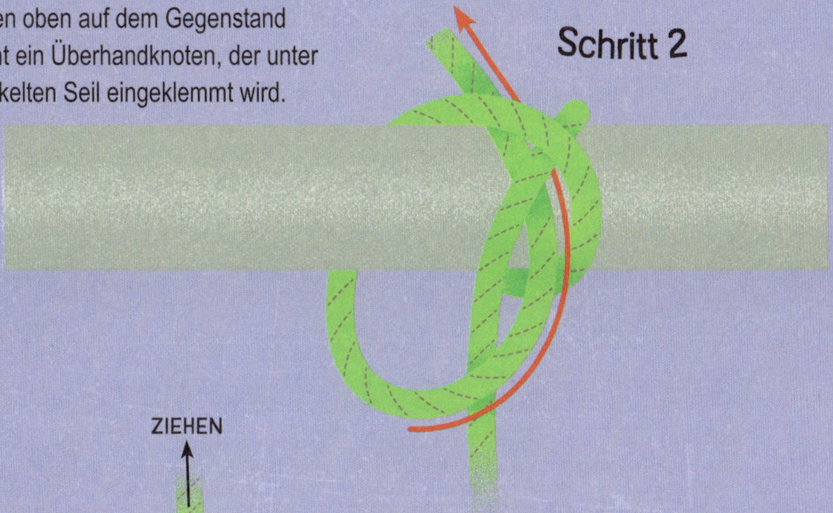

Schritt 3

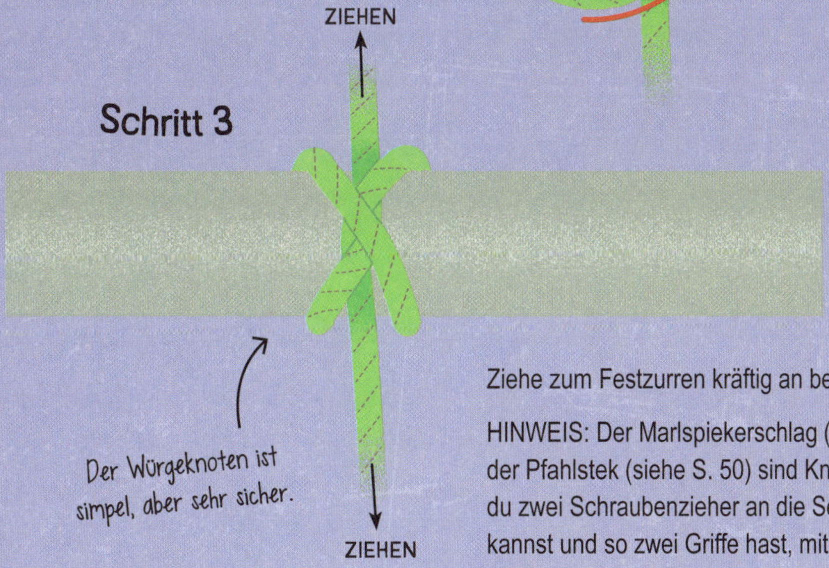

Ziehe zum Festzurren kräftig an beiden Enden.

HINWEIS: Der Marlspiekerschlag (siehe S. 48) und der Pfahlstek (siehe S. 50) sind Knoten, mit denen du zwei Schraubenzieher an die Seilenden binden kannst und so zwei Griffe hast, mit denen du den Gegenstand ziehen kannst, falls er schwer ist.

Den Würgeknoten in der Hand knoten

Schritt 1

Beginne, indem du das Seil zu einem Unterhand-Auge legst.

Ein Unterhand-Auge ist ähnlich wie ein Überhand-Auge, aber das lose Ende verläuft hier hinter der stehenden Part anstatt davor.

Halte die linke Seite des Auges und klappe sie nach unten, sodass das Auge auf dem Seil liegt.

Schritt 2

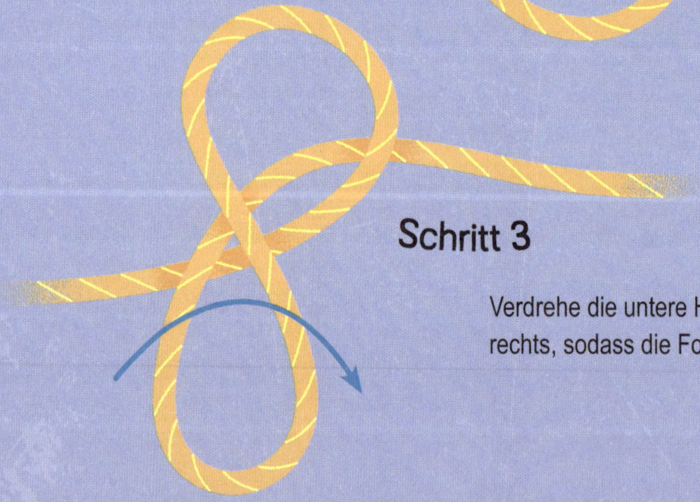

Schritt 3

Verdrehe die untere Hälfte des Auges nach rechts, sodass die Form einer 8 entsteht.

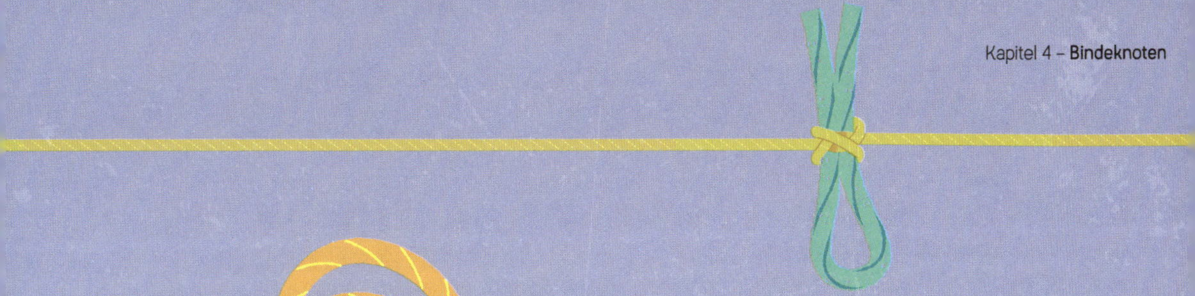

Schritt 4

Nun steckst du das untere Auge der 8 unter die obere Hälfte, sodass die beiden Augen nun übereinander liegen.

Schritt 5

Nun hast du einen fertigen Würgeknoten. Streife die beiden Augen über das, was du zusammenbinden willst, und ziehe dann zum Zusammenzurren an beiden Enden.

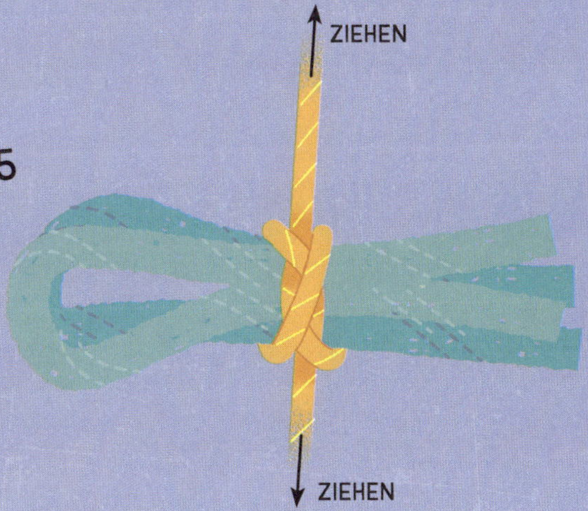

Verwendungen

Dieser Knoten ist eine gute Wahl, um ein Bündel Kabel oder Seile zusammenzubinden.

Gleipnir

Das Wort „Gleipnir“ stammt aus der nordischen Mythologie und bezeichnet die magische Fessel, mit der der mächtige Fenriswolf gebändigt wurde. Der Gleipnir-Knoten ist simpel, aber clever. Mit ihm kann man so gut wie alles zusammenbinden.
Du brauchst eine Schnur, die so lang ist, dass sie zweimal um den Gegenstand herumreicht. Und dann muss noch genügend Schnur übrig sein, um den Knoten machen zu können.

Schritt 1

Lege die Schnur doppelt, stecke einen Finger in die entstandene Bucht und verdrehe sie einmal.

Schritt 2

Drehe das entstandene kleine Auge noch einmal in sich ein. Halt es fest und lege die doppelte Schnur um den Gegenstand oder die Gegenstände, die zusammengebunden werden sollen. Das Auge muss dicht am linken Rand des Gegenstands liegen.

Führe das Ende vom oberen Strang der Schnur von hinten durch beide Lagen des Auges. Stecke das Ende des unteren Stranges geradewegs durch das Auge, sodass die beiden Enden jetzt in entgegengesetzte Richtungen zeigen.

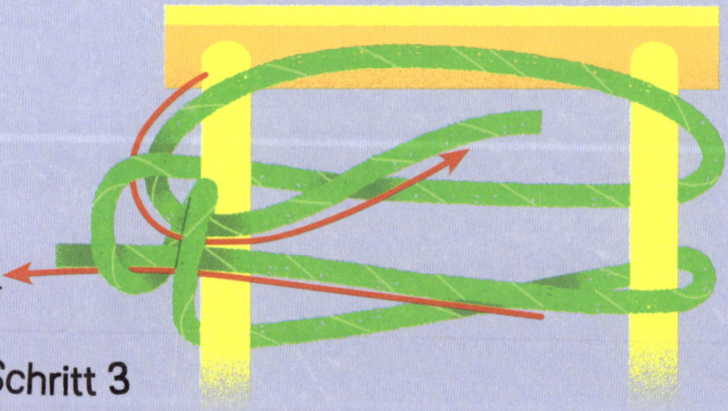

Schritt 3

Schritt 4

Ziehe die beiden Enden in entgegengesetzte Richtungen, um den Knoten festzuzurren. Um ihn sicherer zu machen, knüpfe an jedem Ende einen halben Schlag um die doppelte Schnur – dann könnte der Knoten allerdings später schwerer zu lösen sein!

So löst du den Knoten

Hast du zusätzlich halbe Schläge geknüpft, wie in Schritt 4 empfohlen, dann musst du diese zuerst lösen. Finde danach das Schnurende, dass direkt durch das Auge führt, und ziehe es zurück durch den Knoten. So lockert sich die ganze Schnur und der Knoten geht auf.

Verwendungen

Mit dem Gleipnir kannst du die Beine eines Stuhls oder Hockers zusammenhalten, während der Leim trocknet.

Bund

Bünde sind sehr praktisch, um mehrere Balken oder ein Bündel Reisig zusammenzubinden. Dieser Bund ist einfach zu knüpfen und später auch leicht wieder aufzumachen.

Lege die Schnur in eine N-Form, wie hier zu sehen.

Schritt 1

Lege das Reisigbündel oder die Balken mittig auf die Schnur, etwa so:

Schritt 2

Schritt 3

Führe jedes Schnurende durch die Bucht auf der jeweils gegenüberliegenden Seite und ziehe die Schnur fest zusammen.

Knüpfe die Enden zu einem Kreuzknoten (siehe S. 94).

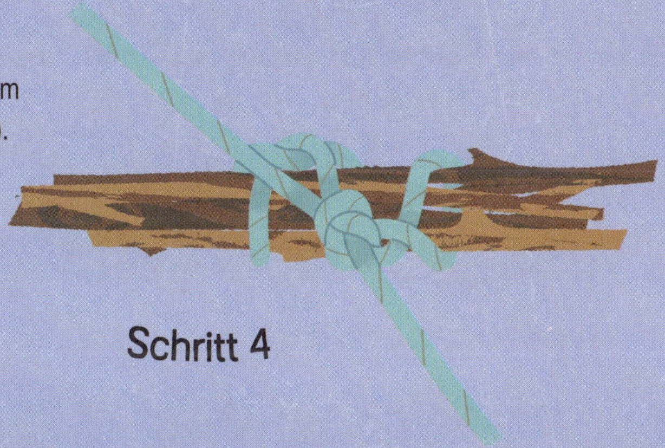

Schritt 4

Verwendungen

Verwende den Bund, um ein Bündel Reisig zusammenzubinden. So kannst du es auch leichter tragen.

Der Knoten ist nach Gebrauch schnell wieder zu lösen.

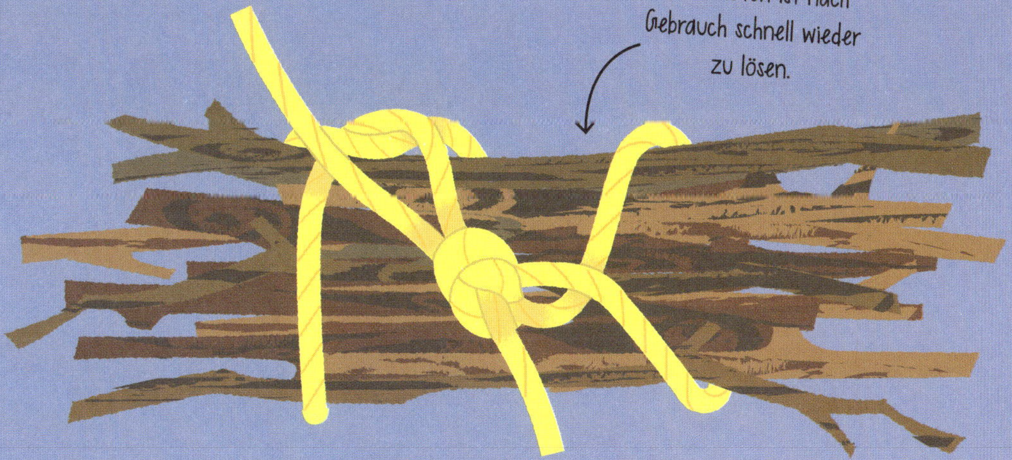

Schnürknoten

Mit dem Schnürknoten bindet man Leinen an einen gerundeten Gegenstand wie ein Geländer oder eine andere Leine. Er eignet sich auch gut am Ende eines Seils, damit dieses nicht ausfranst. Hat man ihn einmal festgezurrt, ist er sehr schwer wieder zu lösen und muss vielleicht sogar abgeschnitten werden! Anders als beim ähnlichen Würgeknoten (siehe S. 84) ragen die Enden aus den Seiten des Knotens heraus und nicht aus der Mitte, was ein bisschen ordentlicher aussieht.

ACHTUNG: Wie den Würgeknoten solltest du auch den Schnürknoten nie um Körperteile binden!

Schritt 1

Schlinge das lose Ende über das Geländer oder das Bündel, an dem die Leine befestigt wird, und lege es nach rechts hinüber.

Schritt 2

Wiederhole Schritt 1, sodass das lose Ende rechts von den Umwicklungen zu liegen kommt. Achte darauf, dass es zwischen der Windung links und der hängenden Part rechts herauskommt.

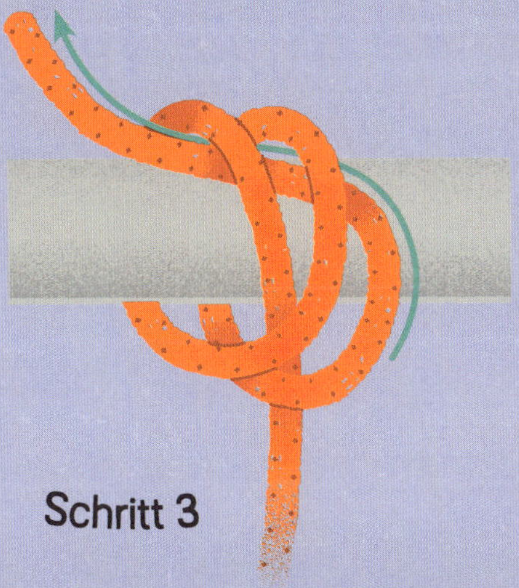

Schritt 3

Führe das lose Ende nach rechts und fädle es dann nach links unter den Umwicklungen hindurch.

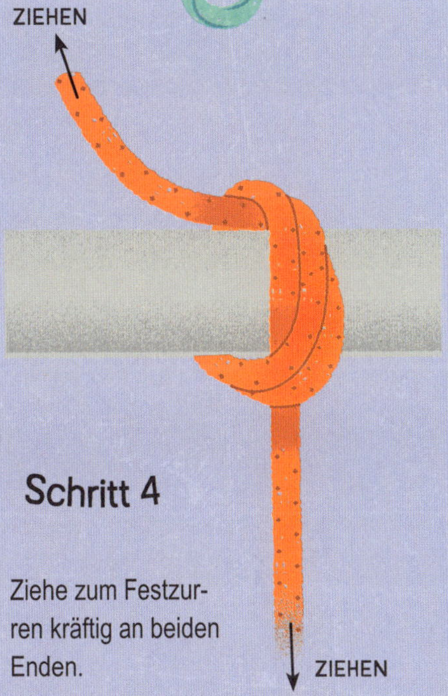

Schritt 4

Ziehe zum Festzurren kräftig an beiden Enden.

Verwendungen

Binde eine dünne Kordel mittels eines Schnürknotens um ein ausgefranstes Seilende.

Kreuzknoten

So kannst du dir den Kreuzknoten merken: „Links über rechts und drunter, rechts über links und drunter.“ Einmal festgezogen, liegt er flach auf und eignet sich gut zum Binden einer Stoffrolle. Zum Lösen des Knotens ziehst du kräftig an einem Ende. Der Kreuzknoten sollte nicht dazu benutzt werden, Seile unterschiedlicher Materialien oder Größen zu verbinden, er könnte dann aufgehen.

Schritt 1

Lege die beiden Leinen so hin: die beiden losen Enden locker umeinander gewunden.

Schritt 2

Lege nun das linke lose Ende über das lose Ende der anderen Leine, wie hier zu sehen.

Schritt 3

Ziehe die beiden losen Enden jeweils durch die Bucht des anderen Seils, sodass der Knoten ordentlich und symmetrisch aussieht. Ziehe ihn an allen Enden fest.

Verwendungen

Eine Notfall-Armschlinge oder ein Verband können mit einem Kreuzknoten geknotet werden.

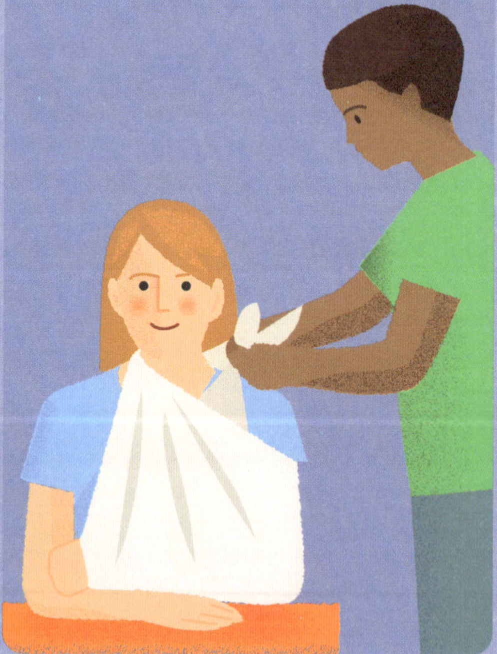

Glossar

Auge Eine Kreisform in der Leine.

Bucht Eine U-förmige Kurve in der Leine. Wird die Kurve unten ganz geschlossen, entsteht ein Auge.

Festmacherknoten Ein Knoten, mit dem eine Leine an einem Gegenstand (z.B. einem Poller oder einem Ring) oder einem anderen Seil festgemacht wird. Letzteres aber nicht so, dass aus zwei Seilen ein langes wird – das wäre ein **Verbindungsknoten.**

Halber Schlag Grundform eines Knotens, bei dem das lose Ende einer Leine einmal um die eigene stehende Part (oder einen Gegenstand) gelegt und dann durch das eigene Auge gezogen wird. Hat die gleiche Struktur wie ein **Überhandknoten.**

Hängende Part Das Ende einer Leine, in das der Knoten nicht geknüpft wird, sondern das ungenutzt von dem Gegenstand, an den die Leine gebunden wird, herunterhängt. Siehe auch **Stehende Part.**

Kausch Ein oft tropfenförmiger Metall- oder Plastikring, der in das Auge einer Leine geklemmt wird. Bewahrt die Leine vor dem Verschleiß.

Klemmknoten Mit ihm befestigt man eine Leine so an einer anderen, dass er bei Belastung blockiert, sich also festklemmt. Wird er nicht belastet, kann man ihn entlang der Leine verschieben.

Knotenfestigkeit Die Festigkeit eines bereits geknoteten Knotens. Ein Knoten vermindert immer die Reißfestigkeit des Seils an der entsprechenden Stelle.

Knotennamen Diese sind leider manchmal verwirrend, denn Seeleute, Kletterer, Angler und Feuerwehrleute verwenden oft unterschiedliche Bezeichnungen für ein- und denselben Knoten. Im englischsprachigen Raum gibt es wieder andere Namen für diese Knoten – und für manche gibt es gar keine deutsche Entsprechung.

Knotensicherheit Die Kraft, die einen Knoten am Abrutschen hindert.

Loses Ende Das Ende der Leine, das nicht belastet wird und in das du den Knoten machst.

Rundtörn Die komplette Umwicklung eines Gegenstands (oder einer anderen Leine) mit einer Leine.

Schlaufe Ein Auge, das durch einen Knoten befestigt wurde.

Schlinge Ein Auge mit einem Knoten, der sich zuzieht.

Seilklemme Hufeisenförmige Metallklemme mit Bügel, in die Seile eingelegt werden, die miteinander verbunden werden sollen.

Slip, auf Slip legen Viele Knoten kann man „auf Slip legen", also so mit einer Bucht abschließen, dass der Knoten sich sofort löst, wenn man am Ende zieht.

Stehende Part Das Ende einer Leine, in das der Knoten nicht geknüpft wird. Siehe auch **Hängende Part.**

Stopperknoten Knoten am Ende einer Leine, der sie dort dicker macht und verhindert, dass sie z.B. durch ein Loch rutscht.

Tauwerk Seemännischer Oberbegriff für alle Arten von **Seilen,** die aus mehreren Strängen zusammengedreht oder geflochten sind. Sie können aus Natur- oder Synthetikfasern bestehen. Ein dünneres Seil (ca. 10–20 mm Durchmesser) wird meist **Leine** genannt. Noch dünner, aber vom Prinzip her ähnlich, sind **Kordeln, Schnüre** und **Fäden.**

Verbindungsknoten Ein Knoten zum Verbinden von zwei (oder mehr) Leinen, die dadurch zu einer langen Leine werden.

Register